张居正传

明朝著名政治家改革家

赵梅清 ◎ 编著

团结出版社

© 团结出版社，2024 年

图书在版编目（CIP）数据

张居正传 / 赵梅清编著 . -- 北京：团结出版社，
2024. 10. -- ISBN 978-7-5234-1127-8

Ⅰ . K827=48

中国国家版本馆 CIP 数据核字第 202413UR39 号

责任编辑：何　颖
封面设计：紫英轩文化

出　　版：团结出版社
　　　　　（北京市东城区东皇城根南街 84 号　邮编：100006）
电　　话：（010）65228880　65244790
网　　址：http://www.tjpress.com
E-mail：zb65244790@vip.163.com
经　　销：全国新华书店
印　　装：天津泰宇印务有限公司

开　　本：170mm×240mm　16 开
印　　张：16　　　　　　　　　字　　数：250 千字
版　　次：2024 年 10 月　第 1 版　　印　　次：2024 年 10 月　第 1 次印刷

书　　号：978-7-5234-1127-8
定　　价：58.00 元
　　　　　（版权所属，盗版必究）

前言

张居正，字叔大，湖北江陵人，世称"张太岳"或"江陵先生"。他从小聪明过人，15岁时即为诸生，巡抚顾璘看到他的文章后非常惊奇，认为他有治国之才。不久居正乡试中举人，顾璘解下自己的犀角腰带赠给他，并且说："日后你将成为国家栋梁，腰缠玉带，这犀带还不足以显示你的高贵身份。"嘉靖二十六年（1547年）中进士，选庶吉士，每天研究学习治理国家的典章制度。内阁大学士徐阶等人对他十分器重，朝廷授予他翰林院编修一职。中间曾因事还乡，不久又回京任职。

张居正面目清秀，长须垂至腹部，办事果断，敢作敢为，自认为有豪杰之风。但他为人深沉，有城府，别人都难以估摸他的性格与为人。严嵩、徐阶、高拱在朝中相继担任首辅，互相攻讦，张居正处在复杂的人际关系中，应付自如。

徐阶取代严嵩为内阁首辅，十分信任张居正。世宗死时，徐阶负责起草遗诏，许多问题都曾与张居正共同商量谋划。不久，张居正升任礼部右侍郎兼翰林院学士。因为裕王继承了皇位，作为裕王侍讲官的张居正得以快速进入内阁，任吏部左侍郎兼东阁大学士，不久又晋升为礼部尚书兼武英殿大学士，并加少保兼太子太保头衔。这时，离他任五品学士官才一年多。

当时内阁首辅是资格很老的徐阶，徐阶和内阁另一名大学士李春芳都待人谦虚有礼，张居正进入内阁最迟，但他却俨然以宰相自居，对六部官员十分倨傲，从不听取别人的意见，因此，别人都有点敬畏他。

徐阶退休回乡后，要他的三个儿子都小心地为张居正办事，听他的话。当时的内阁首辅高拱对徐阶十分痛恨，唆使言官几次弹劾徐阶，徐阶的几个儿子都被牵连定罪。张居正在高拱面前为徐阶一一解释，说好话，使高拱稍稍有些改变主意。

穆宗死，神宗继位，宦官冯保与张居正联手，以两宫太后的诏旨驱逐高拱出内阁，张居正成了内阁首辅。当时神宗仅仅九岁。

明神宗一切委诸张居正，张居正也以天下为己任，大刀阔斧进行改革。他清查地主隐瞒的田地，推行"一条鞭"法，改变赋税制度，使明朝政府的财政状况有所改善；用名将戚继光、李成梁等练兵，加强北部边防，整饬边镇防务；用凌云翼、殷正茂等平定南方少数民族叛乱；严厉整肃吏治，主要推行了加重朝廷主权、考核官吏职责，严格奖励和惩罚、统一朝廷号令等措施。

明王朝经过两百多年的风风雨雨，已是百病丛生，危机四伏，是张居正使奄奄一息的明王朝重新获得生机。

张居正是一个性格复杂多面的人物，他城府极深，性格坚毅，不怒自威，既有豪气又有傲气，还间杂流气。低贱的出身、官场的纷争、强手对峙中的角逐，种种不利因素，都能成为他积蓄力量、提高权力和威望的台阶，这是他性格中的主导面。然而他也有蛮横、短视、气馁的时候，这些深藏在他内心深处的负面因素，限制了改革事业的深化，也预设了他身后一败涂地的结局。

张居正死后，反对派很快发起了攻击，张居正的改革成果被破坏。明朝从此一蹶不振，陷入了衰败没落、无可救药的深渊。

张居正是一个不平凡的人物，他从寒微草根成为救时宰相，一生有很多值得总结借鉴的地方。他的大起大落也很值得人们深思：我们该如何做人、如何交友、如何为官？希望本书能给大家带来一些思考。

第一章　神童少年

平民之家…………………………………………002

李士翱的梦………………………………………006

巡抚的赏识………………………………………008

结怨辽王府………………………………………010

第二章　内阁风雨

初涉政坛…………………………………………016

嘉靖与严嵩………………………………………019

韬光养晦…………………………………………023

重返政坛…………………………………………031

严嵩倒台…………………………………………037

跻身内阁…………………………………………041

第三章　苦心经营

洞察时弊…………………………………………050

加强边防	066
高拱复起	072
打击报复	080
双峰并峙	087
一决雌雄	098

第四章　万历首辅

督导幼主	114
巩固边防	118
创考吏法	125
反腐倡廉	132
改革税制	138
节俭财政	146
严肃刑法	155
整顿学府	161
重视水利	169

第五章　用人方略

唯才是用	178
不拘一格	188
对海瑞敬而远之	192

第六章　复杂性格

恩怨分明 …………………………………………… 210

权势太盛 …………………………………………… 215

树敌过多 …………………………………………… 218

第七章　大起大落

夺情风波 …………………………………………… 222

用人失误 …………………………………………… 226

门生发难 …………………………………………… 229

死后受屈 …………………………………………… 234

附录

张居正年谱 ………………………………………… 242

第一章 神童少年

张白圭五岁入学，十岁就能熟读经书，在荆州已小有名气，十二岁即投考秀才。当时的监考官——知府李士翱在监考的前夜做了一个梦，梦见天帝要他把一个玉印奖给一个孩童。第二天他监考时，一见张白圭便怦然心动，认定这就是梦中所寻之人，于是对他格外青睐。但李士翱认为这『白圭』之名不够雅训，便为其更名『居正』，取『居』官需遵循『正』道之意。

平民之家

荆楚大地自古人才辈出，早在春秋战国时期，就从这里走出了著名的浪漫主义文学大家屈原，还有传奇的英雄人物伍子胥。在明代，这片土地依然人杰地灵，有名的嘉靖皇帝就是出生在这片土地上的兴献王之子。因为他的堂兄武宗朱厚照皇帝没有儿子，只有他是最合适的王位继承人，最后从楚国古都钟祥进入皇城北京，继位称嘉靖皇帝。他不仅把楚地好巫尚灵的气氛带到皇宫，整天烧香斋醮沉迷于长生不老之术，而且也因为念及乡土情意，对楚地俊才倍加关照，使得在他左右的南方大臣居多。而且他也十分信任他们，一些重要事务全权放手，这也使得这些人有机会拉帮结派，形成了一个固定的权臣体系。在这些楚地俊才当中，有一位凭真才实学脱颖而出，不仅在嘉靖时代就进入仕途，而且在以后的两代皇帝当朝时也成为独当一面的权臣，并完成了著名的万历新政改革，挽救了濒临覆灭的大明王朝，使它又延续了几十年的统治。这个著名的楚地俊才就是中国古代最成功的改革家张居正。

张居正的祖先系安徽凤阳定远人，是朱元璋部下的士兵，曾随大将军徐达平定江南，在浙江、福建、广东立功，授归州（今湖北秭归）长宁所世袭千户。其后，张居正的曾祖父张诚由归州迁往江陵，张居正的祖父张镇为江陵辽王府护卫。

在辽王府，张镇整天和那些王公贵族的公子哥混在一起。和那些纨绔子弟不一样的是，他治国安邦的宏图大志始终没有泯灭。自己不行，他就把所有的希望都寄托在自己的儿子张文明身上，希望他能考取功名，做一个治国安邦的能臣。

张居正的父亲张文明，字治卿，别号观澜。早年在父亲的安排下，曾经醉心于求取功名。但和父亲一样，他的科举之途很不顺利。他二十岁才补上府学生，之后又参加了七次乡试，仍然未中。无奈之下，他对自己的科举之路也灰心了。他将手中的书本扔在一边，准备从此放弃这条路。他长叹道："我自幼也可算是饱读诗书了，寒窗苦读了几十年，自己总认为没有什么比别人差的，但始终困顿而不能实现壮志，这大概就是天意吧！"

张文明成家多年，他的妻子依然没有身孕，这无疑使张氏父子更加忧伤，求子心切的他们不得不祈求神灵的佑助，到处上香问签。

或许是父子二人的求子心切确实感动了上苍，张文明的妻子终于怀孕了，大家都在期待着。按日子推算，孩子在阳春三月就该出世了。但如今已是溽热的五月了，张文明的妻子依然挺着个大肚子。全家人也被这个快要到来的小生命揪得心神不宁。

终于有一天，花甲之年的张镇被一个梦惊醒了。

他激动得几乎难以开口："我做了个梦，梦见发了大水，大地茫茫一片，所有人都被淹没在水中。人们都在问这水是从哪儿出来的，我也跟着问，于是就醒了……"

第一章　神童少年

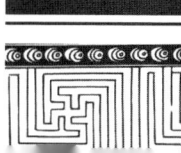

"哈哈，真是苍天有眼，我们张家可能要出人头地啦。"张镇的父亲张诚微笑着捋了一下白白的胡须，"是不是送命天神把一个高贵的灵魂安放到我们家了啊，我刚刚也做了一个梦。"

张诚又一次沉浸在自己的梦境中："所有的星星都在天上晃动，天地漆黑一片，那些星星就像放上去的一样。接着月亮出来了，大地上的一切都显现出轮廓，星星变得暗淡了许多。接着月亮突然掉下来了，就掉在咱家西北屋角下的那个水瓮里，月光把整个水瓮照得通体发亮。接着我看见一只白色的龟随着月光的晃动从水里浮出来了……"

"生了，生了……"刚才与张镇对话的那个仆人慌慌张张地跑进来大喊着，"少奶奶生了，是个男孩……"

按照古人的说法，梦到龟是吉梦。因此，张诚就根据这个梦给刚出生的张居正起了个名字。"实乃天意啊，治卿，老夫就替你们做主了，这孩子就叫白圭吧。龟者圭也，治国之利器。早先大禹治水，于昆仑山请教王母，王母执圭而赠……"

于是，荆楚大地的乡间小道上多了一个名叫张白圭的孩子，因为这名字来历奇特，人们总是对他另眼相看，张家也把所有希望都寄托在他的身上。所有的叔叔婶婶都把这孩子当作掌上明珠，张白圭从小就是在大人们的怀里长大的，人们不愿意让他自己在地上走。当别的孩子都在无人理会中对着花花草草自言自语的时候，张白圭却在充满诗书气息的书房里听大人们谈经论道。当然，他是什么也听不懂的。但大人们有意这样做，让他从小在书房里耳濡目染。

当张白圭长到两岁的时候，有一天，他的乳母抱着他在书房里溜达。他的堂叔龙湫正在读《孟子》，见到孩子，便把他抱在怀里，并笑着逗他："你可是我们张家的希望啊，白圭，治国之利器。你得赶紧学着认得'王曰'才好啊。那样才能有治国的气概啊，就像孟子对梁惠王一样，将来你也做帝王之师啊，哦……哦……"龙湫把张白圭举在手里向空中抛了几下，逗得小家伙呵呵笑个不停，他也哈哈大笑起来。

过了几天，乳母又把张白圭抱到书房里来了，见到龙湫在那里，他就咿咿呀呀地叫个不停。龙湫又接过他放在腿上，指着桌上打开的《孟子》，正好是"王曰"二字："这是什么？白圭，念一个给龙叔听听！"

"他才刚会叫娘，连爹都不会叫呢，你让他认字，他怎么能认得啊！"乳母笑着对龙湫说着，又准备把张白圭抱回去，"你龙叔读书都读傻了，你长大后可千万别学他啊！"

"王曰……"只听小小的张白圭冒出了这两个字音，然后把手从那两个字上移开，转向乳母，示意要回到她的怀里。

"听到了没？这孩子天生不凡！"龙湫没想到上次逗他玩，他竟然真的记住了两个字。

从此，龙湫见人就说张白圭会读"王曰"。乡间巷间很快传开了，人们都说："张家出了个神童，还不会叫爹就能认得'王曰'二字，这个孩子肯定是治国之才，张家这下有望出人头地啦……"

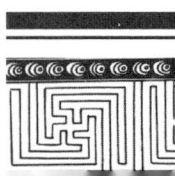

李士翱的梦

张白圭的祖父张镇供职于辽王府，虽然自己只是个小小的护卫，但因为有一个神童孙子，便祖因孙贵了，常常带着张白圭在辽王府自由出入。辽王朱致格也经常让张白圭住在这里，希望通过他来督促并影响自己的儿子朱宪。张家请不起好老师，正好借此机会让张白圭接受更好的教育。所以，小时候的张白圭基本是在辽王府里长大的。

张白圭五岁就开始读《论语》《孟子》等儒家经典，十岁通晓六经大义，十二岁便赴荆州府投考秀才。

嘉靖十五年（1536年），荆州府府试的时候，从各地前来的应试童子们都翘首以待，在荆州城里的文庙院内等待主考官的到来。当听到有人说主考官知府大人驾到时，所有的应试者哗啦一下南北排成两行，把中间让出一条通道。但这时的张白圭正在门外的小桥上散步，见主考官来了，他也没有在意，只是继续若有所思地走着。坐在轿子里的主考官李士翱一眼就看到了张白圭，他还从来没有见过如此胆大的考生。其实，从小在辽王府里长大的张白圭对这样的场面见得多了，比知府大人更大的官他也见过，所以没有什么稀奇的了。

等到点名的时候，第一个孩子就是十二岁的张白圭。李士翱喊他过来，仔细看了一下，不错，正是他昨天梦中的那个孩子。看了一下他的打扮着装，忽然才记起来，刚才那个对自己毫不在意的孩子正是这个张白圭。

"你这个胆大妄为的小毛孩,也敢在这里来应考?如果你能答上我出的对子,就让你进考场。如果答不上,那你就回家去吧!"李士翱笑着对周围的人说,"你们说怎么样?"

"好!"张白圭和着其他人的应和声,"别说对对子了,就是赋诗我也不怕。"

李士翱指着书院里的两棵参天大树,说出了上联:"大文庙,两棵树,顶天立地。"

"小顽童,一支笔,治国安邦。"张白圭就像在和自己的龙叔对对子一样,轻松自如地对出了下联。

李士翱深为张白圭敏锐的才思所折服。

"你叫什么名字啊?"李士翱笑着问,"不知出自哪个名门望族高府啊?"

"在下名叫张白圭,不是什么名门之后。先祖是从应天府来的军籍,一介平民而已。"

"好,好,前途不可限量。"李士翱说。

但李士翱认为这"白圭"之名不够雅训,"圭"谐音"龟",龟在先秦本是长寿、吉祥的象征,因此古时以龟命名者并不少见。但从宋朝以后,龟渐渐含有贬义。"龟儿子""龟孙子""龟奴"等都是骂人的詈辞。张白圭有栋梁之材,岂能以此为名,李士翱为了勉励这位少年才俊,特地为其更名"居正",取"居"官需遵循"正"道之意,并把他推荐给学政田顼,当场面试。

面试之时,张居正挥笔立就《南郡奇童赋》一文,洋洋洒洒,使考官们惊异不已。

巡抚的赏识

嘉靖十六年（1537年）中秋八月，适逢三年一度的科考。正是橙黄橘绿、黄花满地的日子，天高气爽，晴空万里，武昌城内，来自府县的学子云集一起，人流车马不断。

此次秋闱如此隆重，与湖广巡抚顾璘的重视分不开。这位当朝著名才子，三年前赴任湖广，恰逢他在任的首次秋闱，心情自然格外激动。他真希望全省莘莘学子俱各怀绝学，奋力考出优秀成绩，也不枉他勤勉视政的心血。倘能出一两个经天纬地之才，国家幸甚，桑梓生辉，岂不是给他脸上增光？

这天早上，考场考官们开始阅卷。顾璘闭门谢客，独坐花厅，静候结果。忽然他脑子里猛回忆起一件事来，那是一年前，本省学政曾告诉他说，荆州发现一少年才子，名叫张居正，十二岁应考便以头名得中秀才。顾璘独自揣摩，不知这位少年张居正会不会来应试呢？

这时，监试御史喜滋滋地跨进门来，急忙向顾璘汇报："此次秋闱可谓硕果累累，人才了得。"随手将一摞试卷递了过来。

顾璘急切地问："御史大人，将要录取的头名是谁？"

"想你巡抚大人绝料不到，竟是一个十三岁的少年秀才，名叫……"

"名叫张居正！对吗？"顾璘忙抢着说。

监试御史很是吃惊，只见顾巡抚放声大笑："我已有先见之明！"他随即抽出张居正的试卷仔细品阅，横挑细查，见其文果然气度恢宏，辨析严谨，丝丝入扣，一股凛然才气跃然纸上。

顾璘不禁拍案叫绝，立即命人召来了张居正。

只见张居正唇红齿白，眉清目秀，方巾儒服，气度不俗。顾璘打量良久，顿生爱怜之意。

"张居正，你年未弱冠，我且问你，长大以后有何志向？"顾璘问道。

张居正忽闪着机智清亮的目光，略加思忖，亮开童音答道："学生常听父母言及，昔先曾祖平生急难振乏，常愿以其身为褥荐，而使人寝处其上，使其有知，绝不忍困其乡中父老。学生当以曾祖自励，宏愿济世，不仅以身为褥荐，即有欲割取吾耳鼻，当亦乐意施与！"

顾璘大为惊诧，一个十三岁少年竟有如此宏论，心中暗暗称奇。他又手指厅外院墙边一丛翠竹说："你可否以竹为题，即刻作一首五言绝句？"

张居正凝神视竹，略加思考，未等顾璘一口茶呷完，他已念出声来：

绿遍潇湘外，疏林玉露含。
凤毛丛劲节，只上尽头竿。

顾璘一时呆愣在那儿，好半天才回过神来。他确信张居正乃将相之才，他日必能成大器，于是不住地连连点头。不过他又认为张居正年纪太小，如果此次让他中举，他会不会骄傲自大而误了前程呢？倒不如先不录取他，再刺激一下他，使其能更加发奋读书，才具老练，今后必将前途无量。

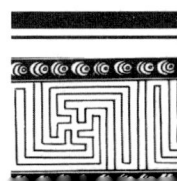

第一章 神童少年

于是，考试成绩名列前茅的张居正，却在他十三岁这年的科举考试中未能如愿以偿。

三年后，十六岁的张居正英姿勃发，又参加了乡试，欣然中举。十六岁中举，在当时也是少有的，许多人都很羡慕他、夸奖他。张居正并没有自满，他特地去晋见顾璘。

顾璘非常高兴，解下自己身上的犀带，送给张居正，感慨地说："古人云，大器晚成，此为中才说法罢了。而你并非中才，乃大才。是我耽误了你三年功名，直到今天才中举。你千万不能以此为满足，再不求进取了。"

张居正谦恭地一揖道："感激您的教导。大人实乃学生的再生父母，指点之恩没齿不忘！"

顾璘见张居正很理解自己，愈觉欣慰，不由得谆谆叮嘱道："我希望你抱负远大，志向高洁，要做伊尹、颜渊，万不可只做一个年少成名的秀才，一个仅会舞文弄墨、吟风唱月的腐儒！要记住你的济世宏愿！"

张居正万分感动，眼中闪着激动的目光，再次向顾璘深深拜谢……

结怨辽王府

正当张居正以神童之名蜚声乡里之时，低贱的家世却使他处在极其不平衡的位置。

在张居正祖父张镇服役的辽王府，第五代辽王朱致格的儿子朱宪与张居正同岁，自小相识。可这世子生性顽劣，辽王妃为使这个儿子早日成才费尽心血，眼看一名护卫的孙子声名鹊起，而贵为辽王接班人的儿子却这样不成气候，便有心用张居正来激励朱宪，因此特地在王府赐宴张居正。

按规矩，出身低微的来客只能坐在下位，更何况张居正与朱宪实际上还是主仆关系，可是辽王妃却故意让张居正上座，将朱宪安排在下位，以此警告儿子当心有朝一日会被张居正超越。

让一个心高气傲的少年才子去反衬一个颐指气使的纨绔子弟，这不仅让朱宪感到羞辱，对张居正来说也是相当难堪。一个被高官器重、前途不可限量的才子，在这里却因其才华而受到嫉妒和揶揄，这又岂是一个少年所能承受的？可不管怎样难堪也得默默忍受，张家的出身和社会地位不容张居正不听命于主人。然而，这两个同龄不同品性、尊卑贵贱地位悬殊的少年，不可能没有心理的差异。朱宪有钱有势，又有王位可待，怎能容忍一个卒役的子弟强过自己？此事只会促使他由嫉生恨，终于酿成了一场悲剧。

就在张居正中举的大喜日子，朱宪借口向张家祝贺，强迫张镇过量饮酒，遂致张镇醉死。

张家对此敢怒不敢言，由此与辽王结下芥蒂。后来隆庆年间辽王被废，万历年间辽王家人诬告张居正侵占辽王府云云，虽没有得到证实，却也不是事出无因，因两家的怨隙而留下的这件疑案，在后世争议不息。

史书中没有留下有关张居正对他祖父醉死辽王府感受的记载，但他任京官后，在回乡休假期间所作的诗中，提到了朱宪在酒宴中强制来客饮酒赋诗的霸道，这已是在他祖父去世后十六年，十六年未曾磨灭的惨痛记忆，何况当初还是功名未就，祖父新亡之时！才子的心高气傲和身份低贱的现实造成的心理上的反差和冲击，不能不影响到张居正的思想性格和执政作风。

历史上的改革家在推行新政时，都需要搜罗人才，组建执政的班底，诸如"千金何惜，一士难求""十步之泽，必有香草""何世无奇才，遗之在草泽"等不拘一格物色人才的成语名言，都表现出从下层发掘人才的愿望。张居正的观点更彻底，他主张"采灵菌于粪壤，拔姬姜于憔悴。王谢子弟，或杂在庸流，而韦布间巷之士，化为望族"。

这就是说，像周公旦、姜尚这样极负盛名的治世能臣，不是从磨难中奋起，就是起自下层，而王谢之家的豪门子弟也会沦为平民，湮没无闻。这不是一般地感叹时事沧桑和人事无常，重要的是得出了"采灵菌于粪壤"这一结论！一语论定，在众人都会掩鼻而过、不屑一顾的粪壤中也能长出高贵的灵芝，这就把从下层发掘人才的见解推到极致。

这固然是一代改革家的恢宏气魄，也包含了张居正对自己身世的感慨。所以当初对祖父死在辽王府这件公案几乎没有反应的张居正，却在他的政治抱负中展现了深沉的思考。喜怒不形于色，却在理性的思索中得到升华，张居正的城府之深可见一斑，这也是他的过人之处。

贫寒的家庭出身、低贱的社会地位没有让张居正向命运低头，他凭着自己的努力和才气，一鸣惊人，受到高官和乡亲们的看重，从此改变了自己的人生，这对一个涉世未深的少年来说，更增加了他的自负。如果就此一帆风顺，也许他的一生就少了些缤纷的色彩。

然而人事多艰，张居正随后入京参加会试，原本以为唾手可得的功名，却意外地失落。这次挫折给了自命不凡的他当头一棒，使他从踌躇满志中清醒过来，正确地对待成功和失败。晚年他在给儿子的信中特别强调，张家"所以贻则于后人者"，唯有"苦志厉行"，这是他对儿女的训诫，也是他自幼奋斗的写照。

第一章 神童少年

第二章 内阁风雨

虽然他颂扬严嵩,但纯粹是官场上的应酬。作为一个志向远大、雄心勃勃的年轻人,张居正始终保持着清醒的头脑。鉴于张居正的是非观念,严嵩并没有重用张居正,也使得他与严嵩政治集团保持一定的距离。所以很长时间,张居正并无多大作为,一直在冷眼观察,积蓄力量。

嘉靖四十一年(1562年)五月,严嵩在各种势力的攻击下终于倒台了,徐阶成为内阁首辅。此时的张居正倍感欣慰,因为他知道徐阶当政,就代表自己的出头之日就要来了。

初涉政坛

嘉靖二十六年（1547年），张居正二十三岁中二甲进士，授翰林院庶吉士（见习官员，三年期满，例赐编修），进入官场，开始登上政治舞台。

翰林院是当时国家的最高学府和国史修纂中心，对当朝的文化学术有主导性的影响，是士大夫们心驰神往之地，但它并不是纯学术机构，遇有国家大事、盛大庆典以及各式文件的起草，翰林院也要参与。所以，论品级翰林院是五品衙门，属中层机构，但却相当于朝廷的智囊团和秘书班子，由于这一特殊的作用，翰林院成为国家大员的参谋部和储备军。所以庶吉士虽是见习性的，没有品级，却是进入内阁的必经之路，前途无量，因此被人视为"储相"。

见习官员是个闲职，新科进士们聚在一起免不了舞文弄墨，"储相"之誉又刺激了这批人在官场中不断向高处攀升的欲望。当同僚们忙于为仕途奔竞趋迎，或是沉醉于歌台舞榭，吟风弄月之时，张居正并没有随波逐流。清闲的职务给他提供了读书、思考的时间。在官场的纷争喧闹中，他洁身自好，没有陷入争名逐利的旋涡，而是闭门谢客，攻读历朝典章制度，默默潜求救国兴邦之道，坚守自己的政治理想。

在他担任翰林院编修、忙于撰写史书之时，仍然素志不移，关注现实，剖析政务。遇有官员从边塞或地方巡视归来，他常常提一饭盒，装着酒菜前去探望，与这些官员边饮酒边聊天，对于当地的山川形势、风俗民情、民众好恶，详细询问，足不出京城而能知天下事，回家后便一一追记在案，进行归纳整理，并提出自己的见解，为此他常常挑灯写作，彻夜不眠。

这时的朝廷，内阁大学士是夏言、严嵩二人。严嵩并无特殊才干，只会谄谀媚上，以图高官厚禄。为了争夺首辅的职务，严嵩和夏言发生了尖锐的斗争。严嵩表面上对夏言谦恭有礼，暗中却伺机陷害报复他。

夏言是个很有抱负的首辅，他任用曾铣总督陕西三边军务。当时，蒙古鞑靼部盘踞河套地区，经常南下进犯，烧杀抢掠，为非作歹。曾铣在夏言的支持下，提出了收复被蒙古鞑靼人占领的河套地区的计划。河套地区东西北三面濒河，南面临近榆林、银川、山西的偏头关等边镇，土地肥沃，灌溉便利，适宜农桑。控制河套地区，对于明朝北面的边防有着重要的意义。曾铣率兵屡败敌人，得到明世宗的赞同和支持。可是，严嵩为了陷害夏言，利用明世宗害怕蒙古鞑靼军的心理，攻击夏言、曾铣等收复河套地区的计划是"好大喜功""穷兵黩武"。

这时，恰巧宫内失火，皇后去世，世宗皇上崇奉道教，认为这是不祥之兆。严嵩趁机进谗言说："灾异发生的原因就是由于夏言、曾铣等要收复河套地区、混淆国事造成的。"昏庸无能的明世宗信以为真，立即下令将夏言罢职，曾铣下狱。内阁中凡支

第二章 内阁风雨

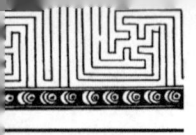
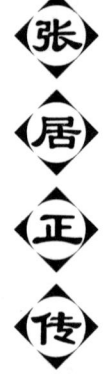

持收复河套地区计划的官员分别给予贬谪、罚俸和廷杖的处分。

不久，鞑靼军进犯延安、延川等地，严嵩又抓住这一机会，给世宗进言说，鞑靼军是因为曾铣要收复河套地区而发的兵。世宗又按开边事之衅罪把曾铣处死。

害死了曾铣，夏言还在，严嵩不把他置于死地是不甘心的。数月后，鞑靼接连进攻大同、永宁、怀来等地，京师告急，世宗急得团团乱转。这时严嵩又进谗言说，这完全是夏言支持曾铣收复河套引来的祸患，又捏造了夏言曾经受贿的罪行。结果，夏言也被世宗处死。夏言一死，严嵩便爬上了首辅的高位，完全掌握了内阁大权。

张居正作为一个刚刚登上政治舞台的新科进士，根本无法左右当时的政局。不过，通过朝廷内一次又一次争权夺利的斗争，使他认清了当时政治的腐败。嘉靖二十八年（1549年），他被授以翰林院编修，这给他带来了更多参与政事的机会。这一年他写了一篇《论时政疏》，系统地阐述了他改革政治的主张。

在奏文中，张居正危言耸听地指出了大明朝面临着的五种巨大危害。

首先是姓朱的皇室王爷们，骄横恣意，贪婪凶暴，荼毒百姓，以至于动摇了大明朝的根基。

其次是在人才选拔上，平时没注意人才的发掘和储备，在行政中又常常过于严厉地因为个别失误就罢黜、驱逐人才，从而造成人才渐渐匮乏。

第三是各级官吏，很多图谋私利，既不认真办行政，也不严格考察政绩，导致行政效率低下，百姓也因此受苦。

第四是边境少数民族频繁袭扰，而守卫边境的将领都心存侥幸，只求一时平安，结果常被敌军突袭，而使人民与财产受到损失。

第五是现在的国家财政，开销无度，入不敷出。因为入不敷出，所以必须加重征收，这样，"取之无制，用之无节"，使得国家经济捉襟见肘，而人民生活也日渐贫苦。

应该说，张居正的这篇奏章，基本概括出了明朝当时的主要弊政。尤其将宗室藩王列为五害之首，可谓眼光独到。明朝的藩王，自从朱棣篡权之后，就成为皇帝监视与防范的对象。政治上被削弱了，经济上却继续独霸一方地膨胀，控制了大量土地，也给地方经济的发展带来了严重的制约。正是看到这种趋势下的潜在危害，张居正才有此倡议。

这是他第一次疏奏，首次展现了他企求改革的思想。然而遗憾的是，并未引起严嵩和世宗的重视，这篇奏疏没有被采纳。

嘉靖与严嵩

内阁是御用文人荟萃之地，三国时称为"秘书阁"，顾名思义这就是朝廷的秘书班子。宋代大学士办公的地方如龙图阁、天章阁、宝文阁等场所也统称为内阁。作为国家的政务系统，内阁是明代才明确命名的机构，这是朱元璋取消宰相以后设立的文书

班子，但不是一级行政衙门，与中央的吏、户、礼、兵、刑、工六部没有统属关系。这也不是政事堂，朝臣不得入内，由于是在宫廷内的设置，所以又称内阁。按照《明史·职官志》的说法，由于内阁成员都是翰林，明中叶以前的内阁不过是翰林院的别称，并没有多少实权可言。

本来，秦始皇创立的由宰相统领各部官员的中央集权制度，在中国已有一千多年的历史。这种制度由于君主和宰相的分工明确，对国务处理的权力有所分理，对具体事宜也有所牵制和调节，是保证中央集权制度得以顺利运作的有效体制。朱元璋在偏居一隅称王的时候，也仿照元代的中书省确立宰相的职位，但在取得全国政权建立明朝以后，却对此制度大不以为然。他认为宰相分散了皇帝的权力，元代就是亡于宰相的权力太大，以致皇帝不能乾纲独断。因此，朱元璋把宰相应有的权力看成是对皇帝的威胁，断然改变了传统的官僚体系，取消了中书省，杀掉了一批追随他十多年的功臣，由皇帝兼任宰相，把从地方到中央的军事、行政和监察大权统统收归皇帝一人所有，凡有天下事务，无论大小，一切均要听命于皇上。朱元璋还把大都督府一分为五，分置前、后、中、左、右五府，将军权分置五个都督。他借故处死一批宰相、武将，并取消这类官职，在军事、政治、文化方面采取了前所未有的集权措施，把皇帝的权力扩大到极致，建立了中国历史上专制统治最严酷的一个王朝。

内阁是文书班子，能进入内阁的都是翰林，连内阁的大印也是沿用翰林院的官印，所以明代内阁也是翰林所在的文渊阁的又一名称。主持阁务的首席大学士就是首辅，成员是为阁臣。从明初到明末进入内阁的共有一百六十四人，有过地方官经历的只有十八人。阁臣不是史官就是文士，重视的是诗文修养。与历代王朝不同的是，明代的阁臣实际上是皇帝的文学侍从，所以嘉靖好青词（道教仪式中向上天祷告的词文），阁臣几乎个个都是青词高手。历代宰相都是行政最高长官，注重的是处理实际事务的能力，汉、唐王朝的宰相都从地方官中选拔任用，与前朝不同的是明代的首辅乃是内阁的首席文人，按建制的初衷并无行政权力，不过是与皇帝谈诗论文，修撰国史，秉承皇帝的意旨起草文书，充当皇帝的笔杆子，负责"票拟"。即使是这有限的职权也不能独立行使，还要秉笔太监在内阁票拟的文件上用朱笔批红，有了这"朱批"，方能交文书房抄写、传递，这才算生效。

　　按照这个规矩，在皇帝躬揽庶政的时候，内阁的权力确实不大，也不可能成为宰相府，这是明初的祖制，后世一般都循此行事。但这种局面到了嘉靖中叶发生了变化，由于皇帝沉迷静修，就必须有代他行使权力的机构，以便使他不受庶政的干扰，内阁是最佳人选，所以嘉靖皇帝对内阁的重视远远超过了他的父辈和祖辈，这时文渊阁才得以扩建并正式命名为内阁。

　　严嵩从嘉靖二十一年（1542年）进入内阁以后，以出众的文才和善于逢迎的手腕得到皇帝的青睐，被赐予"忠勤敏达"的银记，可随时出入宫廷，享有一般阁臣所没有的恩宠。于是，严嵩有恃无恐，大肆揽权，威凌各部，以致各级官吏有什么陈述或建议，都先要拜见严嵩，得到严嵩的认可后，方可上疏，因此有大

第二章　内阁风雨

小臣工不畏陛下，却害怕严嵩之说。

嘉靖皇帝其实并不糊涂，他自幼生活在湖北安陆，十六岁由藩王入嗣大统，承继的是正德皇帝留下的烂摊子。他从地方来到中央，与朝臣并无纠葛，一登基就惩办了前任皇帝宠信的大贪官，籍没江彬的赃款黄金七十柜，白银二千二百柜，金银首饰一千五百箱。精简锦衣卫和内廷工役十四万八千七百人，每年节省的粮食有约一百五十三万石。同时还平反了一批在前朝蒙冤受屈的官员。他还着手整顿吏治，以"亲民"作为官吏赏罚进黜的准则，建立激励各级官吏的机制，加强监督，伸张法纪，清除官场积弊，因此，嘉靖初年一度有革新时政的称誉。

然而好景不长，三十六岁的朱厚熜正当有为的盛年，却不再临朝议政，深居内宫潜心修道。明代有一首民谣生动地描绘了这位帝王的心理："一日南面坐天下，又想神仙下象棋。洞宾与他把棋下，又问哪是上天梯。上天梯子未做下，阎王发牌鬼来催。若非此人大限到，上到天上还嫌低！"嘉靖皇帝就是"当了皇帝要成仙"最典型的一位。他出生在道教盛行的封地湖北安陆，早年就迷信方术，当上皇帝后更是孜孜以求，比追求长生不老的秦始皇、汉武帝还要痴迷。

皇帝不上朝，朝廷还要运转，自然就有人代理日常事务，最合皇帝心意的就是有文才又善于奉迎的严嵩。此人在嘉靖中叶入阁，精明强干，老谋深算，为政也不是没有作为，可他的聪明才智，都用在察言观色上了。嘉靖好弄玄虚，有什么事说半句留半句，善于揣摩皇帝心理的严嵩往往一猜一个准。

嘉靖行为怪诞，放着皇帝的翼善冠不戴，经常头戴道士的香叶冠，还将其赠予夏言、严嵩等身边的大臣。夏言认为这不是大臣应有的朝服，置之一旁；严嵩却不仅每朝必戴，还在冠上笼以轻纱，以示珍重，令嘉靖龙心大悦。皇帝骄横，他就以谦卑应之；皇帝好显示才能，他以拙朴陪衬；皇帝喜独断，他绝不说二话。如此一来，嘉靖皇帝说话、行事也到了离不开严嵩的地步，史书上称他俩如鱼得水，严嵩由此得到皇帝的专宠，趁机大肆弄权，贪赃枉法，他的儿子严世蕃更是作恶多端。户部调拨边防的钱粮，十分有六分落到严家，只有四分用于国防；在严嵩家乡袁州，一府四县的田地，七分在严而三分在民；其住所占了几条街，象牙床、金丝帐，穷奢极欲，因此得了"钱痨"的外号。

民众敢怒不敢言，编个顺口溜泄恨："可恨严介溪，做事心太欺，常将冷眼观螃蟹，看你横行到几时？"严嵩父子的不得人心，助长了次辅徐阶的声望，内阁中因此形成严、徐二党明争暗斗的局势。在政治舞台上一旦形成党争，明枪暗箭，党同伐异，各种势力盘根错节，以这样的关系理政，哪能不乌烟瘴气？

韬光养晦

张居正最终能"万人之上，一人之下"，离不开他的隐忍之功和韬晦之术，这是他在官场明哲保身的最大法宝。

严嵩专权时期，张居正大多保持沉默，有时也写些无关痛痒

的文章，如各种贺表颂词：过生日贺圣寿，紫极殿修成、紫宸宫完工进贺词，丰收了颂瑞谷，下雪了颂瑞雪，下雨了颂灵雨，元旦到了贺元旦，冬至到了贺冬至，出现白鹿、白兔了，颂瑞鹿、瑞兔。有的一贺再贺，无非是"乾清坤宁""民康物阜""帝寿永绵""欢腾朝野""四海升平"之类歌功颂德的逢迎之语。所以，在严嵩当权之际，张居正与这位炙手可热的首辅相处还算融洽。但值得注意的是，在他小心翼翼地讨好严嵩的同时，他与严嵩的对手——次辅兼礼部尚书徐阶，也保持了良好的关系。一个年轻的进士，在两个互相敌对的势力中，进退有节，应付自如，周旋在两大强手之间，不得不说张居正有着天生的政治头脑，他的精明世故高人一筹。

虽然他对严嵩表示颂扬，但纯粹是官场上的应酬。作为一个志向远大、雄心勃勃的年轻人，张居正始终保持着清醒的头脑。鉴于张居正的是非观念，严嵩并没有重用张居正，也使得他与严嵩的政治集团保持一定的距离。所以很长时间，张居正并无多大作为，一直在冷眼观察，积蓄力量。

严嵩当权的时候，世宗已经很多年不上朝过问政事了，他也落个清闲，干脆把所有的政事都交给严嵩去处理。在文武百官中，除了严嵩父子，其他人很难见到皇帝，这更为严嵩独揽朝政大权创造了有利条件。严嵩利用自己的特权去排除异己，巩固自己的地位。朝中所有大权都落到严嵩父子的手里，他们一手遮天，依仗权势收受贿赂。

严嵩的儿子严世蕃比他的父亲更加奸猾狠毒，而且还非常狂妄自大。他没有参加过正规的科举考试，依靠严嵩的权势当上了太常寺卿。为官后的严世蕃更是依仗父势，卖官鬻爵、贪赃枉法。随着年龄的增长，严嵩越来越弄不懂皇帝的心思。这时候，他的儿子就展现出了过人的"能力"。严嵩往往要花很长时间才能揣摩透世宗的心意，而严世蕃只要一看，就可以很快摸透皇帝的意图，办事说话都非常招世宗的喜欢。严嵩看到儿子这么精明能干，不管什么事，都要让严世蕃来出谋划策。所以民间的老百姓都称严嵩父子为"父丞相"和"子丞相"。

严嵩接任首辅后不几年，弹劾不断，都是揭露他卖官鬻爵、公行贿赂、克扣军民、酿成边患的事实。但每一次的上疏都会被无情地打压，因为通政司的右通政赵文华是严嵩的义子，在掌握了弹劾义父的官员的情报后，就及时向义父密报，让严嵩有充足的准备进行报复。嘉靖三十三年（1554年），兵部官员杨继盛上疏痛斥严嵩的十大罪、五大奸，称："方今在外之贼，惟俺答为急；在内之贼，惟严嵩为最。未有内贼不去而可以除外贼者。"他还历数其假借朝廷之名，行一己之私利，诡谀欺君，假冒军功，危害天下，已到了臣僚不知恩谢皇上而先致谢严嵩的地步。可这次还没有等到严嵩的报复，就被皇帝惩以一百大板，打得杨继盛皮开肉绽。这样冒犯严嵩也会激怒皇帝，不仅因为严嵩是嘉靖宠信的重臣，更是因为骂严嵩，难堪的是皇帝，嘉靖皇帝才会为此勃然大怒。当时的老百姓都为杨继盛鸣冤，敢于讲真话的遭受奇冤大辱，讲假话的却青云直上，但又有何用？

当时，朝中所有官员的升迁贬谪全是凭着给严嵩父子贿赂数

第二章 内阁风雨

目的多少而决定的。

对这些张居正心知肚明，可也只能眼看朝政愈来愈受到严嵩的败坏，却无可奈何。张居正感叹道："空有凌云壮志，又能何为？"

嘉靖二十九年（1550年）六月，北部蒙古鞑靼部首领俺答汗进犯大明王朝的边关重镇大同。大同总兵仇鸾胆小无能，他的总兵官职是用重贿向严嵩买来的。面对俺答的进攻，他仓皇无策，只好故技重演，用重金收买俺答，乞求俺答不要进攻自己的防区。俺答接受重礼后，遂引兵东去，攻古北口，陷蓟州，直逼通州，京师告急。世宗遂下诏勤王。仇鸾在以重金贿求俺答不攻大同后，他知道俺答会深入内地，危及京师。为了乘机邀功并博得世宗欢心，主动上疏请求入援。世宗欣赏仇鸾"忠勇"，命他为平虏大将军，节制诸路勤王兵马。俺答兵直逼北京城下，大掠村落居民，焚烧庐舍，大火冲天。但各路援兵却怯懦不敢出战，只是坐观俺答烧杀抢掠。仇鸾的大同兵甚至趁火打劫，比俺答还凶狠。兵部尚书丁汝夔惶急无策，问计于严嵩。严嵩说："在边塞打了败仗还可瞒住皇上，在京郊就难以隐瞒了。俺答掳掠饱了，就会自己离去。"丁汝夔听信严嵩的话，传令诸将，不许轻易出战。兵部郎中王尚学屡次劝丁汝夔出战，丁汝夔不敢违背严嵩的旨意，一味等待。俺答掳掠中饱后，引兵西去。平虏大将军仇鸾砍了数十个百姓的头，冒功请赏。世宗加封仇鸾为太保，并赐金币。嘉靖二十九年（1550年），按中国干支纪年，是庚戌年。历史上称这次事件为"庚戌之变"。

"庚戌之变"时,张居正正在北京,他目睹政治的黑暗和严嵩的误国卖友等行为,深感权奸当国,自己的政治抱负难以实现。于是,在风高浪急的嘉靖三十三年(1554年),张居正选择了急流勇退,决定窥测时机,应运而进,适时而退,不勉为其难。他借口请假养病,离开京师来到故乡江陵,休假三年。

告病请假还乡,这对于一个年轻人来说是一个重要的决定,更是一个无奈的决定。当时,张居正自述这是"以病谢归",其实他虽体弱多病,但从现有史料中并没有什么大病亟须回乡养病和治疗的记载。所以说,"以病谢归"可能只是一种托词。

在即将离开时,张居正给自己的恩师徐阶写了一封信函,其中流露出自己归隐的真正动机。信中这样写道:荣进之路,险于榛棘,恶直丑正,实繁有徒。意思是他厌倦官场的布满荆棘、黑白不分,但对时局还抱有希望,因为在他看来,还有"身重于泰山,言信于蓍龟"的徐阶在朝廷中,希望他有朝一日能带头扫除阴霾。在这封信中,张居正陈述自己对严嵩的不满,他愤慨于时局的败坏,痛恨嫉害正直忠良之臣的奸人,高度称颂徐阶在仕林中的威望,盼望他担起天下之重任。但又认为徐阶的顾忌太多:"相公内抱不群,外欲浑迹,将以俟时,不亦难乎?""盍若披腹心,见情愫,伸独断之明计,捐流俗之顾虑,慨然一决其平生。"劝他不如以真情行事,起而抗争,不要像嘉靖初年的礼部尚书欧阳德那样抓住对方把柄而又操刀不割,错过时机,壮志未酬就已陨落,留下终身的遗憾。这封信主要表达了张居正自己因为对官场已经心灰意冷,因此萌生不如归去、悠游田园的想法。虽然如

第二章 内阁风雨

此，但他仍然殷殷期盼徐阶有朝一日能改变局面，因而许诺徐阶"假令相公兴周、召之业""知己之恩，每怀国士之报"。

除了官场上的失意，情感上张居正也遭受了沉重的打击。在他二十八岁的盛年之时，与他相濡以沫的爱妻顾氏溘然逝世，令他陷入无限的悲凉中。一年后，他偶读唐代诗人韦应物的《伤内诗》，不禁百感丛生，写下："悲哉难具陈，泪下如迸澜。"续弦后，新婚宴尔的张居正也没有忘却亡妻之痛，在《朱凤吟》一诗中，表现了他刻骨铭心的思念："朱凤失其群，十年不得双。早栖汉宫树，独啄瑶草芳……穷览周八极，遨游仰三光。仙游诚足娱，故雌安可忘。"从这些深情眷恋的诗中，可以看出顾氏的去世对张居正感情上的重创。这是他一生中情绪最低落的时期。

回乡之初，张居正寻得风光甚佳的湖畔修建了一间茅屋，终日闭门不出。他时而读书吟诗，时而怡静养神，经过一番调养，神气日渐清壮。待身体恢复后，他就忙于攻读经史子集，博览群书。张居正这样修身养性，闭门读书大约有三年之久。

毕竟是没有公务之劳的休假，闲云野鹤般的生活也使他流连忘返、向往世外桃源，他为此留下不少韵味深长的诗篇。但众多的诗作表现出他复杂的感情，时而悠闲，时而彷徨，又时而奋起。可见他虽远离朝野，但仍不忘国事，心系朝政。身在山林，却心在朝廷，与山石林泉相伴，虽可怡情悦志，但这不是他的初衷，操心国事才是他的真实想法。其中，值得玩味的是《山居》："林深车马不闻喧，寒雨潇潇独掩门。秋草欲迷元亮径，清溪长绕仲长园。苍松偃仰云团盖，白鸟翻飞雪满村。莫漫逢人语幽胜，恐惊樵客问桃源。"诗中的心境与他的心境何其相似，纵有终焉之意、烟霞之想，又怎能就此沉沦？

在《谒晦翁南轩祠示诸同志》中，张居正借游览衡山，祭拜朱熹和张南轩的二贤祠之机，终于道出"欲骋万里途，中道安可留"的心声，并以"示诸同志"告之以世人，表示他再度出山的决心。在张居正高卧山林之时，北方俺答大举侵犯宣府、大同要塞，威逼京师。他闻讯勃然而起，作《闻警》抒发自己的忧愤："初闻铁骑近神州，杀气遥传蓟北秋……抱火寝薪非一日，病夫空切杞人忧。"诗中弥漫着对国事的关切和对时弊积重难返的焦虑。最能反映张居正忧心忡忡而有志难伸心情的是《七贤吟》，这是他对魏晋名士阮籍、嵇康、山涛、刘伶、王戎、向秀、阮咸的咏叹诗，这七人才华横溢，卓尔不群，是乱世中的怪杰。他们行为怪诞，说话玄妙，面对各种抨击和讥讽，谈笑自若，我行我素，逃避世俗，遁迹官场，与当局采取不合作的态度，并以放荡不羁的个性，挣脱礼教和功名的约束，倡导真性情和人的自然本能。由他们开创的"越名教而任自然"的玄学，是中国思想史上的一大流派。但他们的主张终为世道所不容，或被囚，或处死，后世对他们惊世骇俗的行为也多有苛责。但张居正非常理解这七君子"心有所慊"不满现实而又无可奈何，不得不"游方之外"的处境，认为世人有关他们有损名教、贻祸晋室的种种指责，不过是以小人之心度君子之腹，无损于他们的人品和气节。这种超群出众的见解，正是张居正心情的反映。这些诗歌交织着超逸与

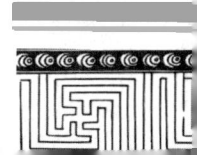

忧思、出世与入世、愤世与经世的矛盾和冲撞，经过反思和自砺，张居正终于走出了情绪的低谷。

回到故乡，作为休假的官员，张居正本可不必下田劳作的。但他出自平民家庭，对农民有着天然的亲和感。他倡导学农，并身体力行，在家乡亲自下田，种竹植树，与老农切磋农艺，同悲共欢。张居正亲身接触农民，在乡间体会到了人民的辛劳、饥寒和痛苦。在《学农园记》中，他就记述了他对农民的观察："每观其被风露，炙煏日，终岁仆仆，仅免于饥。岁小不登，即妇子不相昒，而官吏催科，急于救燎，寡嫠夜泣，逋寇宵行，未尝不恻然以悲，惕然以恐也。"这些都深深震撼着张居正，农民终岁劳碌，仅免于饥饿，官吏的催征急如救火，逼得农民抛妻别子，逃亡他乡，这使他"恻然以悲，惕然以恐"。这悲，是对农民的满腔同情；这恐，却是对政局安危的忧虑。这一切不禁使他恻然心动，责任感迫使他重返政坛。张居正虽然身在山林，但念念不忘的依然是官员的职责和治国安民之道。即使不再操政，也有这样自发的操守，充分反映出他对社稷和民生的忧思。

这几年的乡间生活，在张居正五十八年的生命旅程中只是一段小插曲，但这段时间的成长却对他将来的仕途有着不可估量的作用。其间的低沉、彷徨和奋起，还有忧国忧民的困惑和焦虑，都是他潜龙之志的体现。经过休整、反思和对农民疾苦的考察，张居正对解除社会弊端已有深思熟虑，在他的心中重新燃起了一股报效朝廷的热情。除了自身对政治梦想的追求，其父张文明同样是迫不及待，敦促他及早赴任。要知道他父亲孜孜以求的功名，一生未就，终身的遗憾全都指望着儿子来弥补，眼看儿子业已进入"储相"的行列，岂能长久在家逗留！

国运的召唤，父命的嘱托，肩负着兴国、兴家的双重使命，使张居正不能不重返政坛。这年张居正已经三十三岁，正值壮年，在回京途中信口吟出的"割股割股，儿心何急"最能表现他急切的心情。"我愿移此心，事君如事亲，临危忧困不爱死，忠孝万古多芳声。"这首以割股命题的《割股行》引用了《庄子·盗跖》中的一则典故，说的是春秋时期晋国的介子推随晋文公逃亡落难，途中晋文公饥饿难忍，介子推毅然割下自己的臀肉，供晋文公疗饥。张居正从封建社会最高的伦理准则——忠孝两全出发，以割股的献身精神，表达了他的耿耿忠心，这是他对自己又一次步入残酷的官场的激励，更是对他重回政坛的宣言！

重返政坛

张居正，这个天生的政治家，终于从潭中跃起。嘉靖三十六年（1557年）秋，怀着"摘奸剔弊"的浩然之志，张居正重回官场。然而，一切似乎都未有变化。

重回朝廷的张居正只得到一个到汝宁册封崇端王裘封的差使。这是一个无足轻重的闲差，但汝宁靠近江陵，张居正又回到家乡。虽然张居正抱着远大的志向回到朝廷，但天不遂人愿，现

实依然没有给他提供施展抱负的机会。

嘉靖皇帝一如既往，久居西苑，不愿回到大内。嘉靖不上朝其实还因为他有一块心病。其虽然致志修炼，却又暴虐成性，动辄鞭打宫女，由此伤命的达两百多人。因此，宫女们对他恨之入骨。时日一久，积怨终于爆发了。

嘉靖二十一年（1542年），嘉靖帝服过了仙丹，想在人间也找一找神仙的乐趣，就跑到万安宫去逍遥了。到半夜，一个名叫杨金英的宫女趁皇帝醉酒之际，因为平时经常受到嘉靖的残暴责罚，心怀怨恨，就串通了十六名宫女和有同样遭遇的王宁嫔企图用绳勒死皇帝。可惜事机不密，其中有一个宫女临阵脱逃，跑去向方皇后告密。方皇后急忙带人来到万安宫，才救了嘉靖一条命。当时，所有的涉案人员都被当场拿下，第二天通通被处死，这就是震惊天下的"宫婢之变"。

嘉靖虽然侥幸未死，但却被勒得昏厥，口鼻出血，受伤不轻，精神打击相当沉重。本来他专心修坛炼丹，企求长生不老，已是怕死之徒，如今再遭受这一生死大难，受惊之大可想而知。自此他噩梦不断，睡不安宁，再也不敢回到乾清宫。而乾清宫是皇帝临朝议政的场所，这是历代必行的朝仪，不在乾清宫居住，也就不能临朝。皇帝不上朝，但对权力仍是紧抓不放，只不过都由严嵩秉承皇帝的意向处置，这给贪官提供了更多的渎职枉法的机会，严嵩的擅权便愈来愈肆无忌惮。

在朝中一手遮天的严嵩父子，依然依仗权势中饱私囊。除了卖官纳贿，严嵩父子还克扣户部拨给边防的银两，没等银子出京，就缩了大半的水，造成边防亏空，连买兵器的钱都捉襟见肘。

严嵩父子穷奢极欲，夜夜笙箫，污蔑纲常，把现世当作末日，带领整个朝廷搞"贪污"，士风败坏，贿赂公行。在这种风气下，大明王朝早已是千疮百孔——国库紧张，入不敷出，军备废弛，民力不堪重负。

朝臣对严嵩的不满由来已久，这一点嘉靖并不是不知道。不过，他当时正在用人之际，需要一个严嵩这样的统治工具，仍然像对待宠物一样护着严嵩。可一旦"不如朕意"，最高统治者的变脸也将不期而至。身为次辅的徐阶深知个中三昧，他一如既往地不与首辅严嵩硬抗，依然是少言寡语，虚与委蛇，默默等待时机。

机会终于来了，嘉靖四十年（1561年）冬，皇帝在西苑永寿宫放烟火，引发大火，烧毁了宫殿。寝宫给烧了，嘉靖只好暂住玉熙殿。可玉熙殿那个地方又小又潮，皇帝当然不愿意在那里住了。于是，召集大臣们商量，大臣们建议皇帝搬回乾清宫去住。可是，被吓坏了的嘉靖怎么可能重回噩梦中呢？

一时皇帝连住的地方都没有，大家都拿不出合适的办法。这时候，严嵩和徐阶开始为嘉靖出谋划策。一直想住回原来的永寿宫的嘉靖想修复烧毁的宫殿，可严嵩却以费用巨大为由"劝"皇帝不如迁住南城离宫。估计严嵩是老糊涂了，这"南内"是过去英宗当了瓦剌部落的俘虏，放回来后被幽禁的地方。这在政治上很敏感，对嘉靖也是一大忌讳。

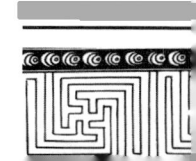

此时的徐阶赔着十二分的小心，因为正在和严嵩暗斗，头脑清醒得很。徐阶了解到皇帝的心意，就提议在原址上再造一座新的宫殿，并且出其不意地拿出一套方案——不用花钱，只需用宫中修三大殿所剩余的材料，就可完成修复工程。嘉靖听后，大为高兴，立即任命徐阶的儿子徐璠担任建设部的主管。得到准许后，不过数月就大功告成，皇帝亲自更名为"万寿宫"。

嘉靖皇帝龙颜大悦，重赏了徐阶。不久，徐阶加"少师"衔，位列"三公三孤"里的"三孤"之一，可谓"位极人臣"。连带着他儿子徐璠也跃升为太常寺少卿，位居正四品。嘉靖对严嵩却是日渐疏远，凡有军国大事，都是问徐阶，只有求仙问道的时候才会想起严嵩。自此，徐、严两家的力量对比发生了根本性的变化。

徐阶就是这样一个善于谋算之人，由于他对宫中日用物资和建筑费用的留心了解，才制订出这一花费不多而又能如期完成的工程计划，并因此得到皇帝的欢心。

在张居正第二次回乡之际，徐阶与严嵩的争斗更加严酷。但从家乡回到京城的张居正，却对严嵩十分恭顺，为严嵩父子写了不少"歌功颂德"的文章。这是因为现在的张居正终于懂得了——隐忍是最强大的一种力量。对贪污成性的严嵩，他可以这样"赞扬"道："惟我元翁，小心翼翼，谟议帷幄，基命宥密，忠贞作干，始终惟一，夙夜在公，不遑退食。"意思就是"夸奖"严嵩工作小心翼翼，为国家苦思冥想，堪为忠贞的栋梁，昼夜不停地在办公，连吃饭都顾不上了。除了"赞美"严嵩，对严嵩的儿子严世蕃，张居正也是奉上了溢美之词："笃生哲嗣，异才天挺，济美象贤，笃其忠荩，出勤公家，入奉晨省，义方之训，日夕惟谨。"大概表达的是严世蕃，天生奇才，崇高品质堪比先贤，为公无私奉献，但又不忘孝敬，严于律己，从不懈怠。

但这只是他的一种政治手段，因为早在严嵩罢相以前，徐阶就在积聚力量，而张居正是首位人选。嘉靖三十八年（1559年）五月，徐阶兼任吏部尚书，第二年成为太子少师。同年，张居正还朝，经徐阶推荐，从七品编修擢升为六品右春坊右中允，兼国子监司业，相当于国立大学副校长，官品虽不算高，却是参与朝廷决策、主导社会舆论和士大夫的要职，这给张居正提供了进一步施展才能的机会。

就在徐阶的实力不断增强的同时，严嵩的地位也越来越不安稳，尤其是皇帝产生了罢黜严嵩的想法。这当然是徐阶的作为，毕竟徐阶也隐忍十年了。

徐阶与道士蓝道行联手，开始了对严嵩的反攻。徐阶与蓝道行有着盘根错节的关系，因为蓝道行长于装神弄鬼，徐阶就把他推荐给喜欢道教的嘉靖皇帝。这个蓝道行进了西苑后，因为预言祸福，无一不中，很得嘉靖的欣赏。有一次，嘉靖问蓝道行："为什么天下还不太平？"蓝道行回答道："因为贤臣放不开手脚，有奸臣挡道。"嘉靖又问："贤臣是谁？奸臣是谁？"蓝道行在徐阶的"教导"下，答道："贤如辅臣徐阶、尚书杨博，奸臣就是严嵩！"嘉靖忙问："既然严嵩是奸臣，那上天为什么不惩罚他呢？"蓝道行回答得也很巧妙："如果上天真的要惩罚他，那重用

他的人罪过就大了,所以上天现在还没有处置他。可是,如果不知悔改,后果就不堪设想。"这一番谈话,让嘉靖下了罢黜严嵩的决心。可是,对于严嵩这个堂堂的内阁首辅,又不能无缘无故地罢了。

　　大明的官员中,有这么一类人,也许他们没有一件正事可以干得干净利索,甚至连几句官场的客套话也说不清楚,但对于人事变动却具备超级的敏感。所以,皇帝的这一倾向很快被许多官员所获悉,尤其是反对严嵩的官员们更是抓住这个千载难逢的机会。接踵而至的弹劾奏疏,不断地被送到朝廷。监察御史邹应龙一向就是一个秉公执法的好干部,对于严嵩父子早就恨之入骨,就连夜疾书奏疏,列举严嵩父子卖官鬻爵的种种不法行为,证据确凿,义正词严:"刑部主事项治元用一万三千两银子就能得到吏部稽勋司主事的肥缺;贡生潘鸿业以二千二百两买到临清州知州……如此买官的有百余人之多。现在,天下水旱频繁,灾害连连,南北多警,边防不安,可严氏父子只知道搜刮民脂民膏。严嵩父子贪婪成性,连边关的守军也不放过。"民间盛传这样的歌谣:"臊子在门前,宰相还要钱。"尤为骇人听闻的是,严世蕃在丧母期间,整日"恒舞酣歌"。

　　当时的百姓都狠狠地诅咒严嵩父子:"此时父子两阁老,他日一家尽狱囚。"可见严嵩父子的贪婪行径已激起全民共愤。而邹应龙的上疏也给了嘉靖一个机会,此时嘉靖也不再袒护严嵩。对他而言,严嵩已经没有利用的价值了。于是,在嘉靖四十一年(1562年),嘉靖下旨:勒令严嵩退休,严世蕃下天牢待审。诏旨一下，举国欢腾。

严嵩这个当政二十多年，权倾一时的两朝元老，终于被撤了职，儿子被杀、家产抄没。抄出的财产，仅皮衣就有一万七千余件，帐幔、被褥两万两千四百余件，金窖十多个，每窖藏银一百万两，珍玩财宝不计其数。如此巨额的财产，足以说明严嵩父子的腐败程度。

徐阶与严嵩的争斗也超越了一般的权力倾轧，具有清扫官场积弊的意义。当然更重要的是，徐阶取而代之，顺理成章地成为内阁首辅。张居正依靠徐阶的权势走过了碰壁的仕途时光，从此开始了自己辉煌的官场之路。

严嵩倒台

嘉靖四十一年（1562年）五月，严嵩在各种势力的攻击下终于倒台了，徐阶成为内阁首辅。此时的张居正倍感欣慰，因为他知道徐阶当政，就代表自己的出头之日就要来了。

徐阶是一个极善谋略的政治家，对张居正颇为赏识。当年张居正选为庶吉士在翰林院学习时，正巧徐阶是那一届的教习，师生相处没多久，便深相期许，引为志同道合者。张居正给徐阶留下了深刻的印象，他当时评价张居正"勇敢任事，豪杰自许，然沉沉有城府，莫能测也"。依徐阶的看法，张居正日后的发展不可限量，将会成为国家的栋梁之材。他看准了这是一个难得的济

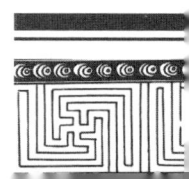

世之才，便用心良苦地尽力栽培。

除了培养像张居正这样的栋梁，徐阶在执政方面也有着过人的能力。在他当政以后，政局一步步地好转。他带头平反了一些冤假错案，使嘉靖一朝的戾气有所缓和，人们为了国事也敢于讲话了。

其间大名鼎鼎的海瑞，就站出来批评皇帝。海瑞是海南琼山人，为人刚正不阿，一身硬骨头，可谓是中国古代忠臣的代表人物。

嘉靖四十四年（1565年），海瑞被调到北京任职，再次表现了直言的胆略。这就是震惊古今的"海瑞上疏"。

当时，海瑞已经升任户部主事，官阶为正六品，这是一个接近于中级官员的职位。

当时的北京并没有出现什么令人振奋的气象。相反地，南北两方都连连告警，急待增加收入以备军需。然而，政府别无新的途径筹款，可行的办法还是挪借和增加附加税。前者并不增加收入，也没有紧缩支出，而仅仅是此款彼用；后者则使税收制度更加复杂，实际执行更加困难。户部是国家的财政机关，但主事一类的官儿却无事可做。大政方针出自堂官尚书侍郎，技术上的细节则为吏员所操纵。像海瑞这样的主事，根本不必每日到部办公，不过是日渐一日积累做官的资历而已。当时的嘉靖皇帝还是一如既往地不理朝政，依旧喜欢求仙问道，且愈演愈烈，越来越离谱，整日研究什么"祥瑞"。这些都让海瑞难以接受。

嘉靖四十五年（1566年），海瑞经过慎重的考虑，向嘉靖递上了一份著名的奏疏——《治安疏》。海瑞这篇古今奇文，写得实在是太振奋人心了。奏疏历数嘉靖数十年来的昏庸愚昧之举，嘉靖阅罢，恼羞成怒，立刻判海瑞入狱。

这篇奏疏，几乎让海瑞绝命，此处暂且不表，我们在下文详叙。总之，在这场上奏风波中，多亏了徐阶的劝谏，海瑞得以保全性命。可以说，徐阶是海瑞的大恩人。

过了两个月，嘉靖皇帝死，明穆宗继位，海瑞被释放出狱。

摆平了海瑞的事情，徐阶又开始忙于内阁的人事调整，这可是关系到他将来能否顺利、体面地退休的大事，所以徐阶慎之又慎。这时候，张居正的机会也就来了。

徐阶对张居正的器重，是始终如一的。他有意保护张居正不卷入任何正面的政治斗争中，只留在幕后。张居正自然明白老师的苦心，也决心有朝一日大干一场。

他对张居正的栽培，处处都有心机。当年，他提拔张居正担任国子监司业，使张居正在众多监生中有了威望，这是在为张居正积蓄做大事的资本。明代由监生入仕而担任各级官员的，有一定的比例。在他们中间，酝酿出一种"谁人不识张江陵"的气氛来，对日后的发展必会有用。

嘉靖三十六年（1557年），张居正仍回翰林院供职。这时的他在苦闷思索中渐已成熟，在政治的风浪中，他模仿老师徐阶"内抱不群，外欲浑迹"，相机而动。

嘉靖四十二年（1563年），也就是严嵩罢相的第二年，徐阶又把张居正的位置挪了一挪，推荐他去参与重校《永乐大典》，

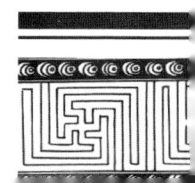

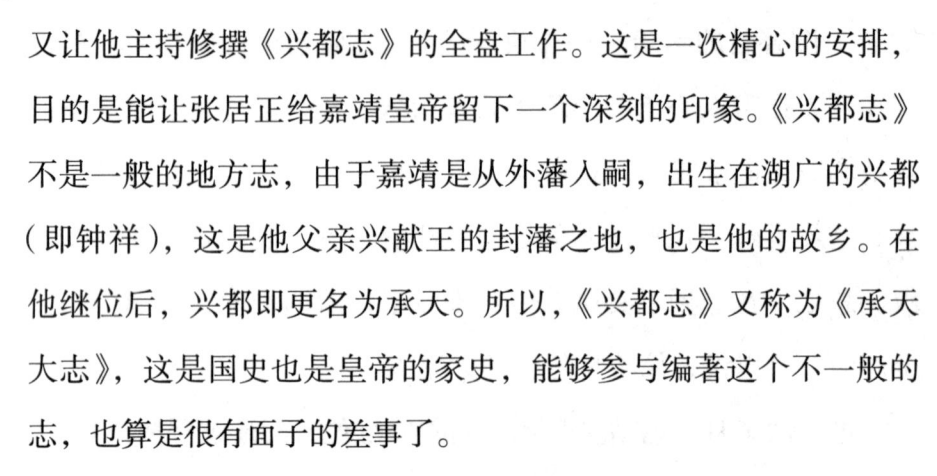

又让他主持修撰《兴都志》的全盘工作。这是一次精心的安排，目的是能让张居正给嘉靖皇帝留下一个深刻的印象。《兴都志》不是一般的地方志，由于嘉靖是从外藩入嗣，出生在湖广的兴都（即钟祥），这是他父亲兴献王的封藩之地，也是他的故乡。在他继位后，兴都即更名为承天。所以，《兴都志》又称为《承天大志》，这是国史也是皇帝的家史，能够参与编著这个不一般的志，也算是很有面子的差事了。

嘉靖四十三年（1564年），张居正进宫右春坊右谕德兼国子监司业，深谋远虑的徐阶荐张居正为裕王朱载垕的侍讲侍读。谕德只是个虚衔，但由于裕王很可能继承皇位，因而在裕王府里做讲读就不是等闲之职了。在裕王府期间，"王甚货之，邸中中宫亦无不善居正者"。而国子监司业则掌握了很多将来可能进入官场的人。在这期间，张居正也结识并交好内廷太监李芳等人，打开了人脉。而且张居正凭着自己过人的才华，成功赢得了未来皇帝的欣赏。据说，他讲课的时候，"必引经执义，广譬曲谕，词极剀切"，讲得非常到位，裕王往往目不转睛地盯着张居正，以表示崇高的敬意。

虽然这是一个很好的晋升机会，但对张居正来说，也是一个富有挑战性的职位。当时，国子监的祭酒高拱是张居正的顶头上司。高拱曾是裕王的老师，与其关系密切，继严嵩之后，他成为徐阶的主要对手。张居正身为高拱的副手，又是徐阶的知己，再一次置身于两大"高手"之间，这无异于在风口浪尖上斡旋。徐阶老谋深算，平素阴柔，与张居正是在失意时结下的知交，又是举荐张居正的恩人，相处自然融洽；高拱精明强干，直拙傲慢，不易相处，可他们在诸多问题上的见解甚为相投，共事友好。在两强之间左右逢源，可见张居正为人处事之能耐。

嘉靖四十五年（1566年），世宗逝世后，徐阶和张居正又以世宗遗诏的名义，革除弊政，平反冤狱，此时的徐阶颇得人心。隆庆元年（1567年）二月，张居正晋升为吏部左侍郎兼东阁大学士，入阁参与机要政务。自此在内阁中形成徐阶、高拱、张居正三股势力，他们之间展开了新一轮的政治角逐。

徐阶所做的一切，也为张居正在政治上的胜利打开了通道。

跻身内阁

隆庆初年，内阁共有六人：徐阶、李春芳、高拱、郭朴、陈以勤和张居正。在这六人中，形成了颇为有趣的局面。

从彼此的师承关系上，李春芳和张居正都是嘉靖二十六年进士，是同门，录取他们的老师是徐阶和陈以勤；而老三高拱和老四郭朴则是同乡兼死党。在和皇帝的关系上，高拱、陈以勤和张居正都曾担任隆庆皇帝的老师，而徐阶和张居正则是在先帝遗诏上确定隆庆帝朱载垕为皇帝地位的人。

在彼此的斗争阵营上，李春芳和陈以勤中立，高拱和郭朴抱团对抗首辅徐阶，而张居正，不管有意无意，应该算老大一边的干将。

这些才能卓越的人如果齐心协力，那真是大明朝之福，可惜，人总是有贪欲的。为了追求世界上最宝贵的权位，这些精英们也或主动或被迫地陷入斗争风波。

老谋深算的徐阶还没等到高拱坐稳，就想先下手为强，找个机会把他踢出内阁。但他又不愿意直接出面，便把自己提拔的一些下属推到前台。一时间，本来是新皇帝上任的整顿吏治，变成了徐阶和高拱的党同伐异之争。徐高二人虽然同在一朝皇帝身边做官，但性格嗜好各方面差异极大，政见也颇不相同。高拱比较传统，自称儒官，抱着四书五经的教条死不放手，对于明朝的朝政，他的看法是法令不行是祖制被变所致，所以强烈要求加强严刑苛法，主张复古。而徐阶则学历较浅，不愿深究典故，只注重解决现实问题，对程朱理学尤其是刚刚兴起的王氏心学情有独钟，以他为代表的大部分官员都侧重随时应变，主张从改革吏治开始革新变法。由于政见不一，而眼前问题又日渐深重，北方骚扰不断，南方倭寇常来，不管是谁都想马上独揽大权快速执行决策。这就进一步加剧了徐高二人争斗的激烈程度。

首先向高拱发难的是徐阶的老乡吏科给事中胡应嘉，声称高拱不贤不孝，嘉靖皇帝病危期间，他不顾皇帝安危，自己忙着搬家。高拱无话可说，难以辩驳。但他树大根深，胡应嘉一般的弹劾丝毫撼动不了他的位置。但这也使他加强了警惕，马上着手拉拢自己一边的人对徐阶进行反攻。平时深居裕王府远离朝政的高拱，远没有早就做了礼部尚书，在官场混了很久的徐阶的人脉多。为了增强自己的支持力量，他精心抛出了一个南北之争的口号，声称徐阶是南方人，号召北方的官员站在他这一边。

终于，机会来了，六年一次的京察马上开始了。高拱乘机联合主持京察的吏部尚书杨博，降黜了很多偏向徐阶一边的御史和给事中，而且这些人大多是南方人，自己的同乡没有一个被贬黜的。这使得其他御史和给事中都很不满，此时胡应嘉又一次站出来，上疏弹劾杨博，说他包庇乡里，办事不公。

京察是明朝考核官员的一种制度，考察对象是五品以下的官员，主要由吏部会同都察院及各堂上掌印官共同考察。这个考察结果是要进入史书的，喜好名誉的官员们很重视这个。谁要是受到察典被记入"黑名单"，那将是终身的耻辱。而五品及以上的官员全都由本人自己述职，由皇帝决定去留。同时，各科给事中可以提出对这些官员的举报，称"京察遗拾"。也就是在考察下品官员的时候也注意找一些上品官员的把柄，并把它们交给皇帝作为考核这些官员的参考。和一般的大臣之间的弹劾不一样，"京察遗拾"并不负余外的责任，也就是所述并非事实时皇帝并不追究责任；但如果并非属实或皇帝没有采纳，总之一旦言官们的"京察遗拾"没有发挥作用，他们可就得罪那些五品以上的大官了，自己的日子也不会好过。所以，这一招一般的各科给事中都是不会轻易使用的。党同伐异之风特别严重的明朝官场使用最多的手段还是弹劾，但为了防止过度争执，明朝法律规定如果弹劾无效，提出弹劾者就要接受廷杖处罚。就是同意大家互相告状，但如果谁诬告了对方就要当庭被打屁股。这种惩罚措施是用于对名誉极度重视的群体的，只有在古代特别讲究名声面子的官

场才能发挥效应。

杨博是吏部尚书，吏部受吏科的牵制是既定的规矩，也是吏科的职责，胡应嘉有权干涉并向皇帝禀报杨博的任何行为。但是，既然杨博早有包庇乡里的嫌疑，作为监督他的人，你胡应嘉为何早不向皇帝禀报呢？为何等着奖罚措施已经出来了才说杨博办事不公？到底是另有图谋还是你自己的失职？胡应嘉万万没想到自己的这一弹劾不仅对杨博及高拱的党羽没什么损失，倒把自己给套到里面进退维谷。这也引起了刚刚主政的明穆宗的警觉，他亲自参与此事并授权让内阁处理这个问题。

这次高拱紧抓时机，暗中鼓动他的同乡郭朴对胡应嘉进行弹劾，声称胡应嘉身为吏科给事中，却不守规矩，没起到监视的作用，还想利用自己的权力党同伐异。这根本就是对皇上的不忠，应当革职查办。而以胡应嘉为代表的各科给事中，在明朝的官制中虽然没有实权，但却起着主导舆论的作用，号称言官，一言可主更替兴废。平时的京察从来不会贬黜言官，而杨博这次却打破了这个潜规则。他帮了高拱，惹了胡应嘉，给了他们一个下马威，也就等于招惹了这一群人。

徐阶乘势策动其他的御史和给事中，对高拱进行反击。于是，兵部给事中欧阳一敬首先上疏弹劾高拱，说他是一个奸险之徒，不能容人。这件弹劾案无疑与胡应嘉弹劾杨博一样，让一心想掌管朝政大权的穆宗很是恼火。他让徐阶负责处理此事。为了表明自己并没有拉帮结派，徐阶马上将自己的门生胡应嘉调离北京，发配到地方上去任职。

这样一来，不仅胡应嘉没有被革职，高拱还要面对欧阳一敬等一伙人的继续弹劾。高拱也很是恼火，又使劲反驳。徐阶此时左右为难，弄不好自己不仅赶不走高拱，反倒有可能被想自己主导政权的穆宗给发配回家。他赶忙一边安抚高拱，同时斥责言官希望他们适可而止。但高拱却不满意，他坚决要求把诬告自己的言官进行廷杖。老谋深算的徐阶知道言官们的厉害，他当然不愿为了高拱的面子而得罪言官，于是坚决拒绝将弹劾高拱的言官进行廷杖。这使得作为皇帝老师的高拱觉得很没面子，而且穆宗也感觉很不是滋味，自己做皇帝，却要看着自己的老师被言官们弹劾诬告。高拱正是看着有皇帝撑腰，于是又发动自己手下的御史齐康上疏弹劾徐阶。这引起了被徐阶护佑的那些言官的愤怒，他们又一起出动，痛斥高拱借着资格，要独断专权把皇帝架空。

为了避免朋党嫌疑，北京的言官不好直接告高拱的黑状。他们借着平时的文友诗社关系，拉出了南京的言官，联名给高拱来了个"京察遗拾"的处分。因为明朝实行南北两都的制度，在南京也有同样的一套朝廷班子，这边的人一般是些闲职，对北京起监察作用，大多是被贬职但因资历老，不能贬得太低就放到南京来了。所以，他们从来不怕得罪人。只要需要，他们对谁都可以提出"京察遗拾"。

迫不得已，高拱只好称病辞官，回家休整。但他并没有忘记和徐阶的恩怨。在回家之后，他注重与南京的官员来往，正好发现海瑞在应天府的任上，而应天府管辖徐阶的老家松江。徐阶虽然做官清明，但他的儿子在民间为非作歹，而且徐阶自身也囤积

了大量土地。高拱搜罗了好多证据后，又准备让海瑞弹劾徐阶。

没过多久，还没等到高拱弹劾，徐阶就主动请求退休。隆庆二年（1568年），徐阶六十六岁，也该休息了。

从表面来看，徐阶之所以退出，是因为他得罪了宫中的太监，因此被进了谗言，恰好这时，又遭到言官的弹劾，所以下野。

然而从深层次看，以徐阶的势力，已经斗倒严嵩，赶走高拱，还有张居正为羽翼。他真要是想继续干，仅凭个把小小言官，岂能撼动他？

所以，其实徐阶的退休不是被逼迫的，而是自愿的选择。经过数十年的朝廷生涯，他已经疲惫不堪，想找个地方好好养老。

之前的历任首辅们，张璁被夏言赶下台，夏言被严嵩杀掉，严嵩落到徐阶手里，儿子被杀，自己最后贫穷冻饿而死。一个比一个凄惨。

而徐阶在他的任上，除掉了奸臣严嵩。除此之外没有害更多的人。国政也整顿得像样了，尤其是还提拔了一位如此优秀的学生。

到了这一步，还有什么不知足的？

正巧，给事中张齐来了这篇不痛不痒的弹劾。于是徐阶就坡下驴，带着满足的笑容，准备急流勇退。

在京城的最后日子里，徐阶经常会见张居正。虽然这个学生已经完全独立和成熟，徐阶还是谆谆教导。张居正也完全明白老师的苦心。

张居正对老师徐阶，自然是感恩戴德。在他的许多书文中，都反复强调徐阶对自己的教诲和提携之恩，表示没齿难忘。

徐阶最需要的，不是你多么感恩戴德，而是你继承他的志向，把明帝国建设强大。

老师徐阶走了，带着功成名就的满足，轻身而退。

张居正百感交集。他既佩服老师的举重若轻，又因老师的离去略带上一丝怅然若失。

不过这些都是次要的。最根本的是，现在该轮到他大展拳脚了。

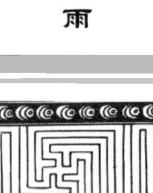

第二章　内阁风雨

第三章 苦心经营

张居正开始掌权，正是隆庆初年，此时他的主要精力，是放在北方边境线上，对付那不时入侵的蒙古骑兵。他把谭纶、戚继光从抗倭战场上调到北方。

谭纶是一位实干家，他就任蓟辽总督以后，有些担心：我要到前线打敌人了，后方会不会有人拆我的台呀？张居正表示全力支持他。谭纶建议，授予戚继光"总理蓟州、昌平、保定三镇练兵事"的职权，相当于集团军总司令。他又请求速调三千浙江兵来蓟辽救火，等他自己的三万军队练成之后，再把他们调回去。这些要求，张居正都一一满足。

洞察时弊

隆庆元年二月，张居正入阁。那时内阁共有六位大学士，张居正排第六。

结果到五月，原本排行第三的高拱下台；九月，排行第四的郭朴跟随离任；再到隆庆二年七月，老师徐阶也主动求了致仕。于是张居正在短短一年半之间，由初进内阁时的第六，排到了如今的第三。

内阁中的首辅李春芳，是自己的状元同年，文采飞扬，但治政能力平平；次辅是自己的老师陈以勤。他俩都只能说是才能中人之上的老好人，善于讲经学，和稀泥。真正能主导朝政大局的，只有张居正了。

数十年的学习，数十年的历练，这一刻开始大展宏图了吗？

张居正有一些重任在肩的紧张和兴奋，也有一些自得。甚至有记载说在徐阶去职以后，接替首辅的李春芳，私下对张居正道："唉，徐老师已经去职了，我也很难在这个位置上久留，恐怕早晚也要辞职。"

而张居正的回答是："没错，这样才可以保全自己的名声和地位。"

言下之意，你李春芳要是长久在首辅位置上，只怕搞砸，落得身败名裂。再言下之意，只有我张居正，才是真正能主持朝政大计的。

虽然是直爽的言谈，今天看来也丝毫不错，但足见张居正的自负，毕竟还有着年轻时不加掩饰的习惯。

于是到了隆庆二年八月，也就是徐阶退休一个月之后，张居正上了一个奏章，这便是著名的《陈六事疏》。在这个奏章里，张居正发表了他对于国政的看法。在他眼里，振兴国政的六件大事是：（一）省议论，（二）振纪纲，（三）重诏令，（四）核名实，（五）固邦本，（六）饬武备。

这六条都是平凡无奇的，并没有多少惊世骇俗的高论。

这也是很正常的，因为治理国家，原本就是要从平凡的地方入手，把一些基本的事务搞好，国力自然会蒸蒸日上。

使用前人不曾想到的新鲜法子，在国政上起到突飞猛进的奇效，这样的事例并非没有，然而过于求新，却只会沦入把国事当作儿戏的陷阱中。

细细剖析这看似平凡的六条，可以从中看出张居正的主要政治观点。

先看第一条"省议论"。这一条中，张居正首先指出了当前朝廷里"议论风行"的现象：任何一件事情，需要决策的时候，总会有许多人跳出来，表达种种质疑，挑拣种种毛病，让负责做事的人举棋不定，也让皇帝心生疑虑。这些议论者，只顾着自己发言痛快，其实是根本不会去承担责任的。有时候一件事情，张三赞成，李四反对；有时候一个人自己的议论，都是朝三暮四，

变化不定。这些言论的泛滥，除了搅乱正事，起不到别的作用。很多事情做到一半，就被纷纭的言论给毁掉了。

接着，张居正分析了出现这种情况的原因：世事难两全，总是有利有弊；一个人也不可能完美，总是有优点有缺点。拿主意的，关键在于权衡一件事利弊的多少，综合评价一个人的优缺点。然而那些乱发表议论的人，总喜欢抓住一点夸大其词，扰乱判定，所以什么事都干不成。

针对此，张居正建议说，参与讨论的人虽然多，最终决策还是要靠一个人。皇帝对待朝政，应该自己把握政局，少去听信那些无用的辩词，而严格追求政务的效果。做事的时候，一开始就要把各种因素都考虑进去，一旦下定决心，就坚持到底，不要听信任何阻挠的议论，就像当年唐宪宗讨伐淮西吴元济一样。同样，用一个人，要从开始就仔细考察其品性才能，而一旦确定，则用人不疑，哪怕有再多的毁谤之词，也不要听信，就像魏文侯用乐羊一样。皇帝还应该吩咐各部门，把以前那种追求辞章华美、言辞犀利的奏章简化，大家说话少绕圈子，而官员们也应该专心本职工作，减少言论上的争论，这样才能改变朝廷和社会的风尚。

这是张居正六事中的第一条，开宗明义，反映的也是张居正心中最重要的一条。很显然，张居正针对的，便是明朝盛行的言官制度。

明朝整体来说，部分沿袭了宋朝时候士大夫敢于劝谏的习惯，在朝廷专设了言官——御史和给事中。这些官员品级较低，却拥有监督和弹劾高官的权力。在明朝的大多数时间，言官都是非常活跃的，不是骂当朝首辅品行不端，就是攻击某部尚书处事不正，甚至皇帝也会成为他们批评的对象。在嘉靖一朝，因为嘉靖皇帝本身比较强势，废话过多的言官受到过打击，气焰稍有收敛；而隆庆皇帝却是个心慈手软的好人，所以这两年，言官蜂起，简直到了不像话的地步。连高拱这样才华出众又牛气哄哄的大学士，也被众言官给推倒了。

张居正是个实干家。在他看来，言官大多数都是借着弹劾他人来哗众取宠，或者挟私报复。真正为国为民的奏章，很少。在严嵩当权祸国殃民的时代，有几个人真正敢去弹劾严嵩的？

这种习气，进一步影响到了整个朝廷，甚至整个社会。发表议论总是比实干要容易的，给一件事挑毛病也总是比做成一件事轻松得多。放纵这种风气，那么空谈空论的习惯就会干扰皇帝的判断和舆论，最终扼杀实干实业。所以，张居正在大展宏图之前，要坚决打击这些议论。

一方面来说，这反映了张居正的自负。老师徐阶为他奠定了最好的基础，他要用自己的才华浇铸大明的铁桶江山，就必须排除各种干扰，尤其是在他看来最容易妨害朝政的言论干扰。

但从另一个角度来说，朝中存在的这种议论的风潮，尽管很多情况下确实会降低效率，但却是一种民主，是对于当政者的一种制约。他们可能葬送掉原本有希望的事业，却也会阻止一些错误的一意孤行。

总之，站在不同的立场，看问题自然得出不同的结论。当年张居正的老师徐阶，在干掉严嵩之后，纵容甚至鼓励了言官们恢

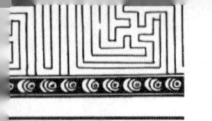

复大发议论的习惯，尽管他自己也随之成为靶子之一。因为徐阶的手段是柔和的，他的资历和气度，能够容纳言官们的攻击。

相比之下，年轻的张居正尽管学会了政治斗争中的隐忍，但在尝到政权甜蜜味道的时候，终究还是太犀利了。

第二条"振纪纲"，则比较简单，希望皇帝能英明神武，严明法纪，对于群臣的赏功罚过都要公道，不能徇私枉法，也不能有所偏袒。

这一条，说起来简单，听起来像是套话，其实也有所针对。因为嘉靖皇帝，在四十多年的当政岁月里，恰恰最是赏罚不明，由着性子把朝中大臣们升官下狱。在嘉靖皇帝这种做派下，朝廷的政治斗争，便不看谁能做出更多功绩，而在于谁更能摸清皇帝心思，在皇帝面前构陷对方。也因为这种做法，甚至当徐阶要收拾严世蕃的时候，他都不能用"杀害沈链和杨继盛"这两个尽人皆知的恶行罪状（因为杀这两个人是皇帝当初同意的），而必须另外捏造"勾结倭寇""占据宝地"等莫须有的罪行，结果死有余辜的严世蕃，居然是被"冤杀"了。

张居正在嘉靖一朝二十年，算是见惯了这种闹剧。他没有老师徐阶的圆滑功夫，面对性子懦弱的隆庆皇帝，他也乘机刚正一把，告诫皇帝：一定不要让你自己的个人情感，阻挠了正义公道的推行啊！

第三条"重诏令"。在这一条里，张居正建议皇帝对朝廷的各部衙门加强管理，要求各部门一旦接到了圣旨，必须在几天之内给个答复，要么遵照命令，立个期限完成；要么觉得有意见，也应该赶快拿出个清晰明白的道理辩解，行不行，为什么不行，怎么样才行。然后，根据各部门的答复，对相关事务进行监督，登记注册，一直到事情办完才勾销。如果接到旨意，超过期限都没有给出明确答复，就要严加治罪。对官员的优劣考评，也是根据他们完成事务的效率。

这一条针对的也是明朝官场乃至中国古代官场的痼疾。因为朝廷上事务众多，干活的又总不如挑刺的，所以那些精明的便学会了明哲保身的妙法：接到什么事情，推三阻四，上个奏折陈述困难啊，寻求援助啊，总而言之，事情别到咱头上，请转某某审阅！这么一来二去，事情也就推没了，该解决的问题一点没解决，各位官老爷却落得清闲。这就是现在所说的官僚主义。在一个朝代进入中期之后，最容易滋生这种习气。

而张居正就看不惯这一点，他是要做实事的，也不能容许朝廷上的官员尸位素餐。所以他的办法，就是斩断各部门打官腔、推责任的门路，接到了命令就必须给出严格清晰的说法，然后按照你的说法监督你执行，谁也不许打马虎眼！或者换种说法，就是通过标准的文件格式来明确责任，量化任务，既便于督促，也便于考核。

若干年后，张居正变法中的考成法，便是从此衍生而来的。第四条称为"核名实"，是张居正对用人提出的建议。

当时任用官员，很多时候是看人的名声，名气大给大官，名气小给小官，名气不好的不给官。但在张居正看来，这些"名声"，其实是靠不住的。因为所谓的名气，要么是自己吹嘘出来

的，要么是众人耳口相传来的，总是掺杂了不少主观因素。而国家真正需要的，是那些能够解决实际问题的人。靠名气判断人才的方法，会造成那些踏实干活、不会花言巧语的人得不到晋升，相反那些夸夸其谈、口若悬河之辈，却往往能获得声誉。更进一步，耿直坚持原则的，可能会因为得罪人而遭到诋毁；阿谀奉承之辈，却八面逢源，得到更多赞誉而升官。在这种情况下，又出现很多官员为了取得博学多才之名，不把自己本职工作搞好，却去对那些本职之外的事情大发议论，而这样的行为居然成为风尚。一切的一切，都是官员的名不副实，造成了政府的效率低下，并最终影响到统治的问题。

基于此，张居正建议，任用官员必须谨慎，不能完全只凭所谓名声；对于已经在任的官员升降，更要注重其工作实绩。他尤其强调，对于任满一定年限的官员，要进行精准考核，综合其各方面的政绩，按照"称职""平常""不称职"的等次，进行职位的调整和名爵的奖罚。对于各部门的二把手，也要选择才干上适合的人。如果表现不错，干满一定年限就要升官，而且尽可能在本部门系统内升官，而不必刻意更换部门。如果部门一把手因为某种原因缺了，直接用二把手顶上，也不一定非要从其他地方平调。按照这种原则，一定能够使得"人有专职，事可责成，而人才亦不患其缺乏"了。

关于用人的这一条，和前面三条"省议论""振纪纲""重诏令"一脉相承，就是讲求务实，反对浮夸，以严格的考核制度来建设干部队伍。这些在今天听起来，或许算陈词滥调，但在当时，却已经带上了很浓厚的改革色彩。因为在那个时代，本着"以德治天下"的原则，往往对于清誉的看重，更在实绩之上。毕竟前者容易收取，而后者的考核却必须费上百十倍的功夫。再者，从名誉录取官员，即使录取的人后来不称职，录取名誉者需要承担的责任是有限的，毕竟"众望所归"是最好的掩饰借口；而实绩的考核，万一出现问题，录取者的连带责任也就重了。

所以，张居正这一条主张在当时可能遇到多大的阻力，也是可以想象的。

第五条"固邦本"，这里的邦本，指的就是国家财政。

国家的财政是帝国立足和长治久安的基础，而老百姓的经济状况和合理的税制，又是国家财政的基础。在嘉靖一朝四十余年，由于内阁斗争不休，尤其是嘉靖的后十多年严嵩把持朝政，疯狂贪腐，而嘉靖皇帝自己醉心修道，造成"民穷财尽"的困窘局面。张居正对此是相当痛心的。他看到了地方豪强兼并田地，将赋税负担转嫁给底层民众；也看到了官府中的奸诈之徒，欺凌良民，暴敛肥私。再加上从中央到地方遍及全国的奢靡风气，使国家财政雪上加霜。

因此，张居正一方面要抑制豪强，培养老百姓的元气，另一方面主张厉行节约，崇尚简朴，希望皇帝顾念民间的艰辛，"于凡不急工程，无益征办，一切停免，敦尚俭素，以为天下先"。

第六条"饬武备"，也就是训练军队，加强边防。

在这一条中，张居正首先指出，边防是大明朝当前最可忧虑的事，也是朝廷应该考虑的最急迫的事。虽然从近期来看，边防

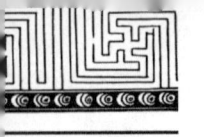

上有一些良将镇守，但蒙古铁骑却随时可能入侵。所以，必须未雨绸缪，从容谋划，以未战先胜。他认为，要稳定边防，第一要素就是皇帝自己要"赫然奋发"，树立其保卫帝国边疆的壮志，然后忠臣志士才能有报效国家的机会。否则，要是皇帝自己都畏战怕输，那就不用说啥了。

接下来，针对当时舆论认为的三个主要问题：兵力不够，粮食钱财不足，将领没有合适的，张居正进行了一一批驳。他说，军队不怕人数少，怕的是没有战斗力。现在我们大明朝的军队编制和粮食关系都是完整的，只不过因为把关不严，造成很多缺额。只要按照户籍去严格地征求，清查那些冒名顶替的，吃空饷的，潜逃的，把军籍全部补足，严加训练，怎么会没兵呢？只要把那些不必要的开销裁减掉，把钱省下来供养真正打仗的将士，又怎么会愁钱粮不够？如果能对边境的武将们，一方面重赏他们立下的军功作为激励，另一方面少用一些文法礼仪去制约他们，让他们在自己擅长的领域能够大展拳脚，那么这些武将一定会奋发为国杀敌，又何必担心缺少良将呢？

随后，张居正表达自己的核心思想：别人怕没兵，没钱粮，没将领，我只怕咱们大明自己没有奋发的志向，成天苟且偷安，不思忧患，那么就算有兵有粮有大将，也是白搭。所以，希望皇上先要坚定志向，把职责下放给谋臣们，采取一系列实政，一方面不要贪图眼前的蝇头小利，另一方面居安不忘思危，所有政策，一定是仔细斟酌后再实行，那么用不了五年，一定可以找到打败蒙古人的机会。

接下来，张居正又提出了自己的具体措施：选择有能力、能担当的边境官吏，在乡间组织"团练"也就是民兵武装，作为正规军的辅佐；建立大量的乡间堡垒，使得蒙古鞑靼人入侵时，民众可以把粮食、牲口和人员都撤退到堡垒中坚守，避免被蒙古鞑靼人掠走。在做好防御工作的同时，不时选择一些精锐部队，去攻击蒙古鞑靼人的薄弱环节，牵制他们的行动。这样就算蒙古鞑靼人入侵，也没法给我们带来太大伤害。这几条措施，虽然已经通过了内阁的讨论，但恐怕人心涣散，对这策略只是敷衍塞责，不肯认真执行。所以皇上应该要求兵部严格督促边境的将领们照策执行，并根据完成实效赏罚，以便确保边境的防御工程能实在完备。

此外，张居正还提到了整顿京城军营。如前所述，在明成祖时期，北京有数十万驻军，足以对蒙古形成强大的威慑。后来随着时间推移，这支威震八面的军队逐步衰败下去。张居正认为，现在京城的军队，至少还有八九万人，如果训练有方，至少能够对京城形成强有力的拱卫。因为历次来犯的蒙古骑兵，最多也不过几万人的规模。然而现在京营兵的最大毛病，在于将骄兵堕，不遵从军法，每年春秋两季的操练，也只是外表光鲜的"面子工程"。北京城距离蒙古不算太远，如果边境突破，铁骑几天就可能席卷城下，而京城守军如此虚弱，这才是最危险的。因此张居正建议，恢复明成祖时期的"大阅"仪式，就是每年一度或者两年一度，选择冬天，由皇帝亲自对京军进行检阅，考察将领的统帅指挥能力和士兵的战斗力，借此对京军汰弱留强。张居正认为，这样一来，不仅皇帝手下直属数万精兵，能够加强对全天下

的控制力度，而且皇帝亲自阅兵尚武的消息本身，也足以让蒙古鞑靼人在入侵劫掠时多考量一阵。

显然，关于加强边防这一条，张居正提出了最具有操作性的建议。这或许是因为蒙古鞑靼人历次入侵造成的深重灾难，给他留下太深印象的缘故。

《陈六事疏》，是张居正继十九年前《论时政疏》之后，抛出的第二颗政治炸弹。

回想当初，写作《论时政疏》的时候，张居正二十五岁，刚刚入翰林院不久，还处在现在"愤青"的年龄。他的奏折里分析的明朝五个弊端，虽然显示出独到的眼光，但也有一部分是故作高亢的惊骇之言，而且具体到问题的解决，有些敷衍搪塞。

相比之下，如今四十四岁的张居正，已经在朝廷度过了二十年时光，既体会到民间疾苦，树立了自己志向，也在耳闻目睹中，对于朝政的要旨有了更多理解。对于充盈大明王朝朝堂的文官集团，他也带上自己独特的视觉。他明白自己离不开这些文官，因为他们是构成整个帝国政治的重要框架，但他也厌恶他们，厌恶他们的谋取私利，夸夸其谈，碌碌无为。这种厌恶不是出于道德上的厌恶，而是有能者对无能者的厌恶。尤其，因为他们的聒噪和尸位素餐，使得张居正自己振兴大明的计划会受到阻挠。

正是这种情况下，张居正写出了更加老辣和贴近实际的《陈六事疏》。这奏章里，反映出张居正更加敏锐的政治洞察力，强悍的务实能力，然而也有继续提升的自负。总之，他希望按照自己的标准，来清理朝廷中的弊端。为了这一点，他不惜把满朝官员摆在自己潜意识中的敌对位置。这从奏章中表达的思想可以看出。面对着脾气宽和的隆庆皇帝，他很不满意。尤其是省议论、重诏令两条，他希望隆庆皇帝能够树立君权的威严，加强专制独裁，排除群臣谏言的干扰。为了这个目的，他甚至开始鼓吹历来被儒家所反对的"暴君"秦始皇。张居正在自己的《杂著》里说：

从前夏商周三代的时候，是老一套的政治体制，而到了秦国，加强法家治国，用了一套新的体制（其实就是帝王独裁中央集权制度），可谓开辟混沌。这套体制至今还非常有用。假如秦始皇有贤惠的儿子，遵守老爹的这套体制并且强化它，改进它，等过上几十年，东方六国的怀旧情绪已经淡去，儒家那些读书人也都不再有影响，老百姓全都习惯了听从皇帝的命令，就算再有一百个刘邦项羽，又能怎么样呢？

可惜，秦始皇的长子扶苏仁义而懦弱，幼子胡亥年幼少昏庸，结果被赵高、李斯用奸计篡改了遗诏，国政大乱，六国残余势力乘机利用天下的不满，推翻了秦。这是秦始皇的运气不好！其实，假设扶苏没有死，从而继承皇位，按照他的作风，肯定会改变秦始皇的严刑峻法，而恢复夏商周三代那种分封的旧体制。这样一来，必然造成国家势力削弱，而贵族豪强割据江山，最后肯定还是要发生祸乱而亡。所以，后世的这些读书人，因为看到扶苏劝谏秦始皇不要焚书坑儒，就以为扶苏是个贤人，却不知道，真正扰乱秦国的，其实是扶苏！

说完了秦始皇，张居正又开始说到明朝：

我大明朝开国皇帝朱元璋，英明神武，刚毅威猛，把宋朝的

那些繁文苛礼，乱政弊习，一股脑全部扫清了。就算秦始皇时候的法律，也未必有先帝朱元璋的威严！这又称得上一次开辟混沌！可惜后来建文皇帝仁柔，任用一群腐儒，企图恢复宋朝那帮衰人的陋习，把咱太祖的严厉法规变更得七七八八，这就和秦的扶苏是一样的！幸好咱明成祖杀伐果断，继承老爹明太祖的风范，重新采用严厉法规，以后的仁宗、宣宗、英宗、宪宗、孝宗，都是英明决断，总揽乾纲，独运威福，严守着朱元璋的大法，所以人心大定，皇帝的威势也能保持。至于嘉靖皇帝，继位前恰好是正德皇帝（明武宗）引发的'群奸乱政'，再次英明神武一把，拿出了皇帝的威势，扫清这帮昏官，恢皇纲，饬法纪，也让国家的神气再次张扬。这一系列历史故事，说明了什么呢？

张居正解释说：老百姓的心思，从来都是习惯成自然，久了就难以改变。所以我们要执行一切法度，就不要考虑开始时他们的想法。即使最初有些不方便的地方，久了也就习惯了，长此下去也就安定了，于是再也没什么不好了。

随后他又开始打比方说：

夏商周三代中，商朝的法度规模是最严整的，这得益于商朝开国君主成汤和他的宰相伊尹，用他们的圣明和智慧，创下最初基业，之后又有六七任明君一起维持下去，所以国势一直都很强盛，到末年纣王虽然无道，周朝取代他也花费了很大工夫，靠了周文王、周武王和周公辅佐成王三代才算把天下真正平定。至于咱们大明朝呢，立国的规模和商朝差不多，周朝根本比不上我们。诸位先帝传承光荣传统，朝廷的纲常一直得以持续，所以虽然在二百年间经历许多变故，但海内的人心都没有动摇，这就是立国初期传下来的"用威"之效。那些书呆子不懂得新时代的特征，动不动就说夏商周如何如何好，还贬低我们太祖和成祖的法度。这都和宋朝那帮卖国文人是一类的腐臭文字，根本不用理会！

张居正这篇文章，应该说是相当大胆的。首先他一反中国传统文化的惯例，赞美秦始皇的铁血手腕，还别出心裁地指责扶苏是乱秦之人。其次，他又把明太祖朱元璋和明成祖朱棣的法度拿来和秦始皇相比，说什么"秦法不严于此"，要用常人的眼光，简直可以给他扣上"污蔑我朝太祖"的帽子了。然而他又确实是在满怀激情地歌颂，歌颂秦始皇，也歌颂朱元璋。甚至，商纣王的灭亡，在他笔下也成了一个正面的例子。

中国文人写论文，往往注重格律上的气势，而不太讲求内在逻辑论证的严谨。张居正这篇文章，观点新颖，视角独到，却也落入同样窠臼。比如嘉靖皇帝固然是一个很有主见很有威势的帝王，然而因为这种独裁作风，在嘉靖一朝，尤其是后一段，国政其实相当混乱。张居正对此当然是完全熟悉的，所以才有《陈六事疏》中的反省检讨。但说到为帝王的威势，他只是让隆庆学习他爹这种独裁胆识，却又闭口不谈嘉靖一朝的政绩了。此外，所谓三代商最严整的提法，也未必科学。张居正拿这个举例了的真实意思，是想让隆庆皇帝如同成汤信任伊尹一样重用自己，以君臣携手，共同振兴国家——或者，您不必出力，把权力交给我就行了！

总之，《陈六事疏》和《杂著》的这篇文章，都反映出张居正在隆庆初年的一种政治态度。在朝廷上，盘踞多时的严嵩倒

了，高拱被整下去了，自己的老师徐阶也退职，改在幕后支持自己。这种情况下，国政兴衰，舍我其谁？张居正胸中激荡着宰割乾坤的豪情。他要隆庆皇帝独裁，其实是想借着隆庆皇帝的君权，来达到自己揽权的目的。

不过，这份执着的希望，依然落空。因为隆庆皇帝并不是一个可以被轻易鼓动的热血君主。

在嘉靖皇帝座下当了二十年的皇位潜在继承人，其中多数时间面临着严嵩的试探和弟弟景王的威胁，隆庆皇帝实在没有兴趣去振兴什么威权。朝中的大事，您几位有能力的大臣商量着办就行了，我宁可在后宫饮酒，与美人游玩。这就是皇帝和大学士之间的差异。

同时在内阁之中，张居正依然只不过是第三。在他上面有自己的同年李春芳和老师陈以勤。他们都是好人，在张居正看来也是庸人，不堪担当扭转乾坤的大任，而张居正的冲劲十足，在他们看来也多少会引起不安。因此，指望三位大学士如手足般配合，尤其还要一切依照张居正的意思去做，恐怕也没那么容易了。

所以，张居正满怀激情的《陈六事疏》上去之后，皇帝诚恳地批示道：张老师，看了您的奏章，都是深深切合实务的条文啊！从中可以看出，您为了国家的未来，深谋远虑，忠心耿耿！

张居正的六事上奏，确实出现了一些结果。至少第一条，也就是"省议论"，确实得到了改进。自从隆庆二年八月张居正上奏之后，朝廷里面的议论便少得多了。大抵，因为过度的议论，不仅确实破坏了朝廷的务实，而且也一直让隆庆皇帝相当头疼。

张居正自己在当时和朋友同事的书信中，曾屡次提到，说近来朝廷里的人情，好像稍微改善了一些，没那么多夸夸其谈的东西了，渐渐有一点务实精神，看来朝纲的振兴有希望了。

但同样在这些书信里，张居正也提到，虽然自己的奏章引起了一些有益的改进，但因为这奏章的缘故，也在朝廷里引起了一些嫉恨。这也难怪，张居正的风格实在是太犀利了，而他指出来的这些东西，是要完全推翻言官们的价值观，当然会遭到来自那一方面的负面评价。

面对这种不利，张居正自负道："既已深荷重任，义当直道正言，期上不负天子，下不负所学，遑恤其他。"后来又说："声容盛而武备衰，议论多而成功少，宋之所以不竞也，不图今日，复见此事。仆不度德量力，欲一起而振之，而力不从心，动见龃龉，茹堇怀冰，有难以言控者，唯当鞠躬尽瘁，以答主知而已。其济与否，诚不可逆睹也。"

总之，这里透出的精神，大约和后来林则徐"苟利国家生死以，岂因祸福避趋之"相似。当然，张居正自己，是比林则徐要更加自信的，对于那些阻挠的嗡嗡声，他根本不放在眼里。

其他各条看上去也很切实可行，实施的结果却不尽如人意，相关部门觉得大学士张居正这些条文都很好。于是关于"振纪纲""重诏令"的事情，由都御使王廷拟定了八条措施；户部尚书马森根据张居正"固邦本"的条陈，拟定了十条措施；兵部尚书霍冀根据"饬武备"的条陈，拟定了"兵""将""团练""守城堡""整饬京营"五条措施，又奏请由皇帝亲自出席大阅兵，

以检验帝国武装力量的成效。

换言之，几个重要部门都纷纷把张居正奏章中的内容，改头换面一番，作为自己的规划方案。然而这些方案何时能够实施？等待条件成熟的时候吧。一拖二拖，最后还是拖成了一纸空文。

张居正恨恨地看着满朝文武，为自己的一番心血就这样被人空洞化而郁闷。所幸他早已从老师徐阶那里学会了隐忍的道理。现在还不到时候，总有一天，我要按照自己的意愿来规划整个大明的蓝图！

加强边防

张居正开始掌权，正是隆庆初年，此时他的主要精力，是放在北方边境线上，对付那不时入侵袭扰的蒙古鞑靼骑兵。

当年明成祖朱棣受封燕王，本来就是为了帮老爹朱元璋挡住时不时南下骚扰的蒙古鞑靼兵。后来夺取了江山，朱棣就定都北京，通过定都北方，确保战略重心，以震慑蒙古鞑靼人。

朱棣本人是一个勇猛的将领，这么整一点问题没有。对于他后面的那些儿孙皇帝来说，边境线后面不远的北京城，却实在让人住不踏实。

在大明军队的野战能力渐渐衰退后，为了应付蒙古鞑靼人的屡次袭击，主要的战略便是防守万里长城。沿着长城一线，从东到西设了九个重镇，分别是辽东、蓟州、宣府、大同、榆林、宁夏、甘肃、太原、固原。

其中西边五镇，距离中心区较远，并不十分吃紧。真正重要的，是东边辽东、蓟州、宣府、大同四镇。这四镇恰好形成弧形，拱卫着明朝首都北京。若是四镇固若金汤，则北京位于我军重兵怀抱之中，安如泰山；而一旦四镇中有一处被突破，蒙古铁骑很快便能杀奔京城之下。

所以，当年大明朝的心学大师、政治家、军事家和哲学家王守仁（王阳明）曾经说过：大明虽大，但要害之地却只有四处。"这四处若失，则大明必亡。"

所谓的四处，就是指宣府、大同、蓟州、辽东四镇。明朝将这四镇及其邻近区域，又划分成宣大和蓟辽两个大镇。由朝廷直接任命两位总督来管理。这两位总督，一般就是兵部左右侍郎，可见朝廷对四镇的重视。

四镇之中，最紧要的还是蓟州。毕竟紧靠着北京，又没有过于险要的地形。当时长城以北，都是蒙古鞑靼人的势力范围，这样在蓟州方向上，北京城与蒙古鞑靼人也就只隔一道长城了。彪悍的游牧民族，可以随时从喜峰口、黄崖口、古北口等地冲进来，包围北京。

面对这种局势，积极一点的上策，当然是编练十多万乃至数十万精兵，越过长城去，在蓟州以北夺回一片缓冲区，驻扎兵马，修筑堡垒，作为防御蒙古军的前哨。但在当时的明朝，要实现这样的计划很不现实。

于是退而求其次，便是确保蓟州军分区的稳定。在嘉靖

三十八年，天下奇才杨博就曾上疏，指出九边重镇，最重要的是蓟州，应该加派兵马，多安排哨兵，严守古北口等要害，使得蒙古鞑靼人不能入关。靠了杨博这个计策，若干年中，北京没有再遭遇嘉靖三十年那种严重的威胁。

但是蒙古鞑靼人的猖獗，总归是给北京城内的君臣造成很大的压力。在隆庆元年九月，俺答率军入侵大同，攻陷石州，侵略交城、文水，蒙古的铁蹄和战火席卷整个山西中部地区。蒙古东部的领袖图门汗（又称土蛮），也带兵进犯蓟州，一路逼近到了滦河。两面的烽火，使得北京在整整一个月里面风声鹤唳，草木皆兵。

这种情况下，徐阶的学生吴时来，就是在嘉靖三十七年带头弹劾严嵩的那位，这会儿已经被徐阶调回朝中担任工科给事中。他推荐了三位将领镇守北方。这三位，便是赫赫有名的谭纶、俞大猷和戚继光。在之前的倭寇之乱中，他们都立下了显赫的战功。

那会儿朝廷里面，还是徐阶为首辅，张居正是徐阶最得力的助手。吴时来的建议得到采纳，三位抗倭英雄中，除俞大猷因为年纪老了，不再调动，谭纶被召回朝廷，升职为兵部左侍郎兼右佥都御史，总督蓟辽、保定军务，戚继光则被召为神机营副将。

从这一刻开始，曾在东南沿海为保家卫国，与倭寇浴血厮杀的民族英雄谭纶、戚继光，又往北方边境线上修筑钢铁长城，前后十余年。而已经萌生退意的徐阶，在完成这一人事调度后，把和这两位名将沟通的重任，交给了自己的得力学生张居正。张居正原本便对北方边防极为看重，他与两位名将建立了很深厚的关系。面对抵抗蒙古鞑靼的军事要求，他尽其所能，作为谭纶、戚继光在朝中的后盾，帮助他们建立自己的防御系统。

在抗倭战场上摸爬滚打出来的谭纶是一位实干家。他就任蓟辽总督以后，很快发现了蓟辽防线的最大问题：兵力不足。

他说，现在蓟州昌平一带的兵力不到十万，而且半数是老弱病残，又分散在两千里的长城上，一旦敌人集中攻击，我军就会被各个击破，所以必须训练新兵。但是训练新兵存在以下四个方面的难题：第一是缺钱，要训练三万勤于车战的精兵，每个月要花五十四万两银子。第二，现在河北一带战争频繁，本地军人都已经懒了，必须从江浙一带招募一万两千亡命徒，以补充军队。我和戚继光完全可以办这事，但怕朝廷上的言论阻挠。第三，北方的兵油子多，不服从军纪，如果我们严明军法，他们一时不适应，多半会背后造谣；而蓟州又靠近北京城，一旦流言传到中央，只怕会酿成其他祸端。第四，要想完全平定边境，不是一次两次胜仗可以解决问题，问题在于，一旦打了一两次胜仗，恐怕就会遭到朝中的嫉恨，引发大祸。

归根结底，谭纶提出的这四点，除了第一点，其他的都是在发问：我要到前线打敌人了，后方会不会有人拆我的台呀？

对谭纶这种担心，张居正以他的行动做出了最好的保证。他不仅安慰谭纶，鼓励他努力按照自己认为好的方略去准备，而且实实在在给予了支持。谭纶建议，授予戚继光"总理蓟州、昌平、保定三镇练兵事"的职权。各镇总兵官以下，都受他节制，同时调集各处精兵三万人，由戚继光直接率领，作为长城防线的战略机动力量，迎击并歼灭侵入长城内的蒙古鞑靼军。另一方

面，又请求速调三千浙江兵来蓟辽救火，等他自己的三万军队练成之后，再把他们调回去。这些要求，张居正都一一满足，对于谭纶的各种计划，也纷纷照准。

谭纶的要求得到了批准，戚继光却面临着麻烦。因为原本蓟辽总督下属便是若干位总兵，如今根据谭纶的意思，又任命戚继光为"总理练兵"的指挥，制约蓟州、昌平和保定三位总兵。在谭纶来说，是为了给自己增加得力的军事助手和地方指挥官，但在三位总兵来说，莫名其妙在总督之下、自己之上又跳出这么一位"总理"来，心头多半有些别扭。三镇总兵手下的兵力足有十多万，名义上都归戚继光"节制"，实际上根本节制不动。他能动用的，也就自己手下的三万兵力。这样，地位级别介于总督和总兵之间的戚继光，就面临着一个很尴尬的高不成低不就的局面。

戚继光的这种尴尬，朝中很多人都看到了，也有人在想办法解决这个矛盾。就在戚继光到蓟州后不久，从边境传来流言，说是总督谭纶对于蓟州镇总兵郭琥有不满意的地方。于是，兵部尚书霍冀就拿出了一个主意来：他把郭琥撤职，然后调戚继光为蓟州镇总兵。心想这样一来，谭纶和郭琥的矛盾解决了，戚继光也得到了实权，真是两全其美。

然而霍冀的点子只能说自以为是，其实却几头都不讨好。郭琥是一员能征善战的猛将，谭纶对他并没有太多不满。被霍冀这么一插手，郭琥固然莫名其妙丢了官职，谭纶也损失了一员大将。而在戚继光呢，由总理三镇练兵变成一镇的总兵，虽然实权增加了，但名义上的地位却降低了，这让好面子的戚继光也很郁闷。

霍冀一番好心，却让三个名将都受委屈，他自己闹出来的事情，自己已经没法收场了。而在明朝时期，内阁和六部之间权力始终处于相互制衡的状态，所以对兵部尚书的主张，内阁首辅李春芳和次辅陈以勤，也没有太多的积极性去纠正。这时候就只有张居正挺身而出。他不辞辛苦，写信给谭纶、戚继光，了解他们的想法，彼此沟通，终于弄清楚了谭纶对郭琥的看法，也摸透了戚继光不高兴的原因。

于是张居正以国家大局为重，对三人苦心调处，拿出了相对合理的解决方案：戚继光这一方面，依然总理三镇练兵，再兼任蓟州镇总兵，这样实权加强，虚名未降；郭琥一方面，暗中安抚，调任他处。这么一来，勉强算是把损失降到最小了。

张居正的高明之处还在于，他把这个解决方案拿出来后，让谭纶以总督的名义，写信给内阁李春芳、陈以勤以及始作俑者兵部尚书霍冀，还有老一代著名军事家、时任礼部尚书的杨博。而张居正自己，则是在朝廷里暗中运作此事。最终按照这个方案善后，谭纶和戚继光也终于可以把主要精力放到边防建设上来了。

谭纶和戚继光在蓟辽一带，进行了大量的兵工建设。其中规模最大的，是在长城上加修上千座"敌台"，就是小型堡垒，每一个堡垒驻扎50名士兵，作为防线的关节点。张居正对此是赞同的，不仅如此，他还专门写信和谭纶讨论关于这个工程的细节。

当时在朝廷上，尽管加强北方边防是大家的共识，但当提到修筑敌台时，有很多官员认为这样的工程过于浩大，劳民伤财，而在蒙古鞑靼人入侵时中看不中用。李春芳、陈以勤对此全无主

张,又是张居正站出来,舌战群儒,把修筑敌台的意义和代价细细剖析,终于说服了大多数臣僚,使谭纶得到充足的人力物力,完成他的边防建设。

除此之外,张居正留下的大量书信,还记载了很多其他的军务讨论。比如,他关心边防军粮供应和征集、运输消耗,建议各部队分区就近征粮,减少损耗;他曾多次评价边境将帅的才略,并为他们请功。在张居正的坚持下,于隆庆三年举行了由皇帝亲自主持的"大阅",在振兴军威这一方面,起到了不小的作用。

总之,在隆庆初年,尤其是徐阶致仕前后的日子里,正是这位内阁中最年轻的张居正,不顾所谓的分内分外,挑起了支持边防的重任。也正是在他的支持下,谭纶、戚继光等名将才能逐渐在北方边境构筑起阻拦入侵的钢铁防线,并为日后若干年的和平打下基础。

高拱复起

隆庆三年,刚刚略有起色的朝廷再次剧烈动荡。原因是赵贞吉入阁,成为第四位大学士。

赵贞吉,四川内江人,生于明武宗正德三年(1507年),比陈以勤、李春芳大四五岁,比张居正大十八岁。这是一个名声不错,而且性情刚直的良臣。嘉靖三十年俺答入侵的时候,他力主保持国格,不能答应封贡的城下之盟;严嵩飞扬跋扈的时候,他敢于顶撞甚至大骂严嵩，即使因此遭到严嵩的打击陷害，也在所不惜。在隆庆元年，他受命为皇帝讲学，到隆庆三年，则是以礼部尚书的身份，入职为文渊阁大学士，成为内阁第四名成员。

赵贞吉资历很老，他是嘉靖十四年的进士。相比之下，别说嘉靖二十六年登科的张居正、李春芳，就是嘉靖二十年的陈以勤，也要管赵贞吉叫声前辈。

而这样一位前辈，在内阁中的排名却在三个后生之下。上了年纪的老人，有时候对具体的功利未必在意，却会很计较自己的名声地位。因此赵贞吉心怀不满，满腔怨愤，也就很正常了。

而且，赵贞吉本人对于国政有一套自己的看法。他入阁是来做事的，不是来养老的。为了争论京城的军队到底要不要整编的细节问题，甚至不惜和兵部尚书霍冀成为政敌。这种工作认真的态度当然是好事，却也造成了另一个方面的副作用，那就是偏执。

在赵贞吉眼里，三个后辈大学士，都是不知天高地厚的毛头小子，他们和自己工作上的分歧，也就成为智商和人品上的鸿沟。抱着这种心态，赵贞吉的情绪越来越坏。每天不是和这个吵架，就是和那个斗嘴。李春芳、陈以勤是老实人，挨了也就挨了。而张居正年龄最轻，最让赵贞吉看不爽；同时张居正自己有心办事，与赵贞吉在工作上的分歧也就很多。这种情况下，赵贞吉的无理取闹，几乎让张居正崩溃了。

之前张居正旁观了朝廷中也曾有过惊心动魄的政治斗争，比如严嵩害死夏言，徐阶搞掉严嵩，以及高拱和郭朴被徐阶轰下

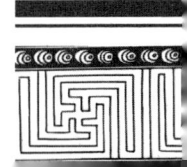

来。然而唯有这一次，他开始真正以一种独立的政治立场，去面对和参与这种斗争。

幸运的是，六十多岁的赵贞吉，尽管脾气大，嚣张，但至少不是一个阴险的人。他的资历虽老，但能力心计却比张居正要差得多。所以，张居正在赵贞吉的"淫威"面前，顶多也就是有些心里不舒服罢了。

到了隆庆三年（1569年）的下半年，真正对内阁具有决定性影响的事件发生了。

在张居正与太监李芳联手，奏请复起高拱。高拱毕竟是隆庆皇帝最信任的老师，他曾经在隆庆皇帝担惊受怕的许多年里，保护了他，安抚了他。

到隆庆三年十二月，下野了一年多的高拱，重新回到内阁。不仅如此，当时的吏部尚书杨博致仕，隆庆皇帝还借机把管理吏部的职权也一同赠给了高拱。

这可不是闹着玩的！在明朝的六部中，如果说兵部掌管军事最有实力，工部掌管建设最是肥缺，那么吏部掌管人事，就是最有实权的部门。所以多年以来，一般吏部尚书是不能担任内阁大学士的，这也算得上一种权力的彼此制约。

然而隆庆皇帝对高拱实在是太信任了，竟然破天荒让高拱身兼这二职。这样一来，高拱转眼之间，由一个下野的闲人，成为整个大明朝最有实权的官员。

其实从根本上说，高拱和徐阶并没有区别，可谓是一脉相承，他们都是实干家，都想做事，都想报效国家。

高拱历时三年，推行改革，史称"隆庆新政"。

说实话，这个所谓的新政，实在是有点名不副实，因为即使你翻遍史书，也找不出高拱搞过什么新鲜玩意，他除了努力干活外，既不宣誓改革，也不乱喊口号，但他执政的这几年，说是国泰民安、蒸蒸日上，也并不夸张，可见有时候不瞎折腾，就是最好的折腾。

但要说高拱一点创新进步都没有，那也是不对的，徐阶是明代公认的顶级政治家，他的权谋手段和政务能力除张居正外，可谓无人匹敌，但这位高拱在历史上却能与之齐名，是因为他虽在很多地方不如徐阶，却在一点上远远超越了这位前辈——用人。

具体说来，他用了三个人。

第一个，是潘季驯。

潘季驯，嘉靖二十九年（1550年）进士，浙江吴兴人，明清两代最伟大的水利学家。后被分配到江西九江当推官，管理司法，官运也不错，十几年就升到了监察院右佥都御史，成为一名高级言官。

恰好当时黄河决堤泛滥，灾民无数，高拱刚刚上台，急得没办法，四处找人去收拾残局，恰好有一次和都察院的一帮言官吵架，潘季驯也在场，高拱看这人比较老实，也不乱喷口水，当即拍板：就是你了，你去吧！

张居正是个比较谨慎的人，觉得这样太儿戏，就去查了潘季驯的底，急忙跑来告诉高拱：这人原来是个推官，法律和水利八竿子打不着，他怎么懂得治水？

高拱却告诉他：只管让他去，他要不会治水，你只管来找我。

事实证明，高学士的眼光确实很毒，虽说没学过水利专业，潘季驯却实在是个水利天才，他刚一到任，堵塞缺口之后，便下令把河道收窄。

这是一个让人匪夷所思的命令，大凡治河都是扩宽河道，这样才有利于排水，收缩河道不是找死吗？

施工的人不敢干，跑来找潘季驯。潘季驯说你只管干，出了事我负责。于是奇迹出现了，收缩河道之后，黄河不但没有泛滥，决堤也大大减少，大家都惊叹不已。

看上去很神奇，实际上很简单，在长期的观察中，潘季驯发现了这样一个问题——黄河之所以泛滥，是因为河道逐年升高，形成了岸上河，于是河堤也越来越高，稍有不慎一旦决堤，后果就会极其严重。而要降低河道，就必须除掉河里的泥沙，好了，关键就在这里，怎么除沙呢？

找人去挖，估计没人肯干，也没法干，找挖掘机，那还得再等个几百年，用什么才能把这些泥沙除去呢？潘季驯苦思冥想，终于醒悟，原来制胜的武器就在他的眼前——水。

收紧河道，加大水的冲力，就可以把河底的泥沙冲走，所谓"水流沙中，沙随水去"，就此大功告成。

除此之外，他还想出了一种独特的治水方法，名叫滚水坝，具体说来，是事先选择一个低洼地区，当洪水过大之时，即打开该处堤坝，放水进入，以减轻洪峰压力。

有这么一位水利天才坐镇，泛滥多年的黄河得到了治理，在之后的数十年内没有发生过大的水患。

第二位人物，是殷正茂。此人能进入高拱眼帘也全赖张居正的举荐。

隆庆四年（1570年），两广发生了叛乱。本来，这地方在当年是蛮荒之地，山高皇帝远，叛乱的事常有。但这次闹腾的动静很大，两广全境都有叛乱，且叛军有一定的战斗经验，派了几个人去都被打了回来，于是高拱想到张居正的举荐："没办法了，派殷正茂去吧！"

殷正茂，嘉靖二十六年进士，是当年传奇科举班的一员，和诸位名人同学相比，他没有张居正的政务能力、王世贞的文采，更没有杨继盛的胆量，但他也有着属于自己的专长——军事。

他虽是文官出身，却极具军事才能，多次领兵出战，从无败绩，被认为是一代名将，按说他应该是最理想的人选，可为什么直到没办法高拱才找他呢？

原因很简单，他太贪。虽说他很有才能，却是个不折不扣的贪污犯，原先当地方官就吃农民赋税，到军队后就吃士兵的军饷，明代贪污不算什么大事，但殷先生却贪得天下皆知，贪得名闻全国，着实不易。

果然，任用殷正茂的消息一传出，舆论大哗，在大贪污犯殷正茂的面前，大臣们第一次消除了分歧和派系，异口同声地表示绝对不行。

高拱却坚决表示一定要用，每天朝廷里都吵得天翻地覆，最

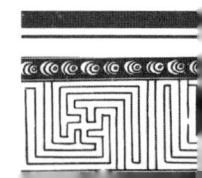

后还是高学士水平高，只用一句话，就让所有的人都闭上了嘴："谁再反对殷正茂去两广，我就派谁去！"

这就不好玩了，殷正茂即刻光荣上任。

但他的亲信，给事中陆树德站了出来，劝告高拱、人你可以派去，但军饷你要看紧，最好在户部找个人随从前去，搞好财务审核制度，要内防家贼。

然而高拱说："不用派人，所有军饷直接拨给殷正茂就是了。"

陆树德急了："殷正茂必定贪污军饷！"

"我知道。"高拱却笑了笑，"那又如何？"

"我拨一百万两军饷给殷正茂，他至少贪污一半，但以他的才能，足以平定叛乱，如果我派一个清廉的人去，或许他一两也不贪，但是办不成事，朝廷就要多加军饷，这么拖下去，几百万两也解决不了问题。"

"所以殷正茂不去，谁去？"

一切确如所料，殷正茂去后，仅仅几个月就平息了叛乱，班师凯旋，当然了，军饷他也没少拿，如果不贪，那就不是殷正茂了。

但高拱还是赚了，说到底，这是个成本核算问题。

在高拱的正确指导下，潘季驯和殷正茂成为名噪一时的风云人物，但和第三个人比起来，前面这二位就只能算是小儿科了。因为这位最后出场的压轴主角解决了一个问题，一个连朱元璋都没能解决的问题。

这个人的名字叫王崇古，时任都察院右副都御史。其实之前他曾经露过一面,在浙江时,他作为俞大猷的副将出击倭寇,获得大胜。这之后他官运亨通,一直升到了现在的位置。

在当时的朝廷中,有三个人是言官们不怎么敢惹的:杨博、谭纶以及这个王崇古。

所谓不敢惹,绝不是因为官衔问题,此三人之所以能幸免,是因为他们有一个共同的特殊身份——军事文官。

在明代武将出身的人是很受歧视的,经常被人看作大老粗,而进士出身改行当武将的,就不同了,这类人既有文化又会打仗,且由于长期在边界抗击敌人,性情比较彪悍,不守游戏规则,你要是敢骂他,他没准就敢拿刀比试,看谁吃亏。

而这位王崇古除了喜欢领兵打仗外,还有后台,他和高拱都是嘉靖二十年进士,在古代,这叫"同年"(同科进士),老同学的关系很好。

于是他被委派了一个极为重要的职务——宣大总督。

明王朝的北边,宣府、大同、蓟州、辽东四个地方,历来让人头疼,这是最难防守的几个据点。

当时的蓟辽总督是谭纶,而他手下的两位总兵分别是蓟州总兵戚继光以及辽东总兵李成梁。

踌躇满志的王崇古前去赴任了,他做梦也想不到,一个天大的金元宝即将砸到他的头上。这是后话。

打击报复

高拱在内阁的排名，虽然是第五，但兼管吏部，拥有人事大权，实际上他成了朝廷上的头把交椅。

张居正希望高拱不要念旧恨，但高拱不是圣人。在他看来，当初把自己逼迫下野的言官，不但是私人恩怨，还是政治对头。在他雷厉风行的报复下，短短几个月间，接连有二十多个言官遭到惩罚，罢官的罢官，调任的调任。

曾经在弹劾高拱的浪潮中作为主将，并最终导致高拱下台的欧阳一敬，因为高拱上台，为了避祸而主动辞职。然而就在离职回家的路上，却原因不明地死了；而当初曾在嘉靖末年弹劾高拱，引起高拱和徐阶严重冲突的胡应嘉，担忧高拱的报复，竟然忧虑交织，一命呜呼。

高拱的厉害，在这时候已经显露出来了。

他却并不满足。他的主要仇恨，集中在一个人身上，那就是徐阶。在高拱心中，徐阶布下重重陷阱，一步一步把自己给逼得下野，今天一定要加倍地报复！

于是，高拱针对徐阶的战斗开始了。虽然在入阁之初，包括张居正在内的许多人曾经劝过他，他也表示说，徐老先生对我昔日是有旧恩的，后来因为一些小事发生冲突，不足为怨。我一定会抛弃那些旧日的心思，与诸位共同为国家出力。这样安抚了人心。

然而说归说，事实证明，随着高拱势力的快速扩张，他很快就对徐阶集团展开了报复。

第一步，是否定徐阶的政治成就。

前面说过，嘉靖皇帝临死那一夜，徐阶拉着张居正，抢先拟定和发表了遗诏。在遗诏中，徐阶借嘉靖皇帝的名义，把嘉靖自己一辈子的错误痛痛快快检讨了一遍，把一些嘉靖朝中被贬损的官员重新任用。这是徐阶树立自己政治地位，争取支持的重要措施。

而高拱对这份徐阶私人出品的遗诏恨之入骨。他上奏说："有人借着遗诏，把当初先皇时期得罪的这些人，全都起用褒扬，这不是在抽先帝的嘴巴吗？先帝在天之灵怎么安宁呢？陛下您每次入太庙去祭祀，又怎么对得起他们呢？"于是就把这一批官员全都重新贬斥了。一方面树立了自己的威势，同时也打击了徐阶留下的势力。

此外，嘉靖皇帝临死前信任方士，让他们行医进药，给予高官厚禄。嘉靖死后，在徐阶的遗诏中称这些庸医害死了嘉靖，把这些人统统下了监狱，准备处死。高拱也要来插一脚，他上奏说："先帝在位四十五年，六十岁去世，可谓寿终正寝。如果按照某些人假托遗诏所说，说是被这些方士所害，岂不是在给先帝脸上抹黑吗？"于是把这些方士也改判为流放。

就这样，徐阶用以树立自己地位的遗诏，完全被推翻了。而张居正这时处在一个很微妙的局面。因为当初遗诏是徐阶和他一起拟定的。推翻遗诏，不仅削弱了徐阶的力量，也削弱了自己的力量。

应该怎么办？是为此事和高拱开火么？张居正当然不愿意。

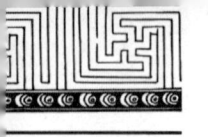

经过思索和决策，他选择了就此事妥协。在高拱六十大寿，门生为高拱贺寿所做的诗文集的序言里，张居正恭维高拱此举是"分辨了君臣父子的大义，就好比拨开乌云，重现日月的轨迹"！

高拱的第二步，则是收拾徐阶本人。

原本，这样的举动风险很大，因为徐阶虽然已经离职，却拥有很高的地位，很广的人脉，在社会上也有很大支持度。

然而天赐了高拱一个最好的机会。

原来徐阶虽然精于国政，但却不擅长对自己子弟的教育，他的几个儿子在老家上海松江一带横行不法，强占了许多土地。

对于一个退役阁老而言，这本来不算啥大问题。但偏偏在隆庆三年上任的应天巡抚，是出名的大清官海瑞。于是，多占了田地的徐阶，便遭到了海瑞的严厉清算——尽管，当初徐阶救过海瑞的命，还把他提拔起来。

高拱抓住了这个绝好的机会，利用徐阶被海瑞搞乱阵脚之时，指挥自己阵营中的干将，搜寻他的各种罪状，进行弹劾追究。高拱亲自进疏，说徐阶"大治产业，黜货无厌，越数千里开铺店于京师，纵其子搅侵起解钱粮，财货将等于内帑，势焰熏灼于天下"，甚至还"故违明旨，潜往京师，强阻奏词，探听消息，各处打点，广延声誉"。

在高拱一派的群起攻击下，徐阶招架不住，其积累的政治势力，逐渐被清除和剥夺。到隆庆五年，高拱又提拔原苏州知府蔡国熙为苏松兵备副使。蔡国熙是高拱的门生，而与徐阶有些仇怨。在他的有意对付下，徐阶遭到了严厉的追究，三个儿子都被抓起来，家产也要被全部抄没。

走投无路之下，徐阶只得向高拱上书求救。这标志着当初势不两立的对手，如今分出了高下。张居正也向高拱进言，希望他有点恻隐之心。高拱看徐阶彻底被斗倒服软，也就心情舒畅，放了徐阶一马。

在高拱收拾徐阶的过程中，张居正并没有表现出任何政治上的反抗。仅仅是在徐阶惨遭清算之际，出于人道主义原则，予以进言，保全了恩师的家庭财产和人身安全。

高拱对徐阶的报复，是从隆庆四年初持续到隆庆五年的漫长过程。而就在徐阶完全失败之前，高拱同时已经在内阁中掀起了激烈的争斗。

当时的内阁五人，首辅李春芳和次辅陈以勤都是忠厚的老好人，位居第三的张居正资历最浅，因此斗争的爆发，便在第四赵贞吉和第五高拱之间展开了。这两人都是才志双修，气度却又都不够恢宏。高拱掌管着吏部，赵贞吉则把持着都察院。两边的党羽，都开始投入激烈的相互弹劾之中。赵贞吉在年龄和资历上略胜高拱，但从个人的手段和职权的大小来说，则是高拱完胜赵贞吉。因此双方的斗争渐渐分出了胜败。

然而被战火波及的还有无辜之人。就在高赵斗得不亦乐乎时，张居正的房师，次辅陈以勤却先辞职了。这个老好人实在受不了，高拱是自己的老同事，赵贞吉是自己的老乡，在他看来，这种争权夺利的斗争，无理可说，又无法可想。干脆走了吧，把权位留给你们爱争的人！隆庆四年（1570年）的七月，陈以勤

辞职。

老好人受不了走了，剩下的却还在斗。失去了房师，另一位老好人首辅李春芳，更是束手束脚。而从排位上升任次辅的张居正，在这斗争中，也并未过多参与。从立场上，他或许稍稍偏向高拱吧。

到隆庆四年十月，"赵高"的决战终于来临。

事件起因，是高拱提议，对于六科给事中和十三道监察御史，也就是担任监察任务的这些言官们，进行一次临时京察。这种考察，应该由吏部和都察院来一起举行，于是考察就成为吏部尚书高拱和都察院老大赵贞吉钩心斗角的战场。

高拱试图通过这种考察，把赵贞吉的党羽来一个一网打尽；而赵贞吉一面上疏给皇帝劝阻这种做法，另一方面也还以颜色，要通过这种考察，把高拱的一派全部驱逐。这样，主持考察的两家老大，形成了釜底抽薪的僵局。

经过调解，两派的人员一律得以保留。但高拱的手段和职权更狠，虽然赵贞吉的手下没有丢官，他却借机把其他的一些政敌给赶走了，比如说御史王圻、大理少卿魏时亮、大理寺右丞耿定向、广东巡抚右金、都御史吴时来等。

通过这一次考察，虽然赵贞吉和高拱在直接的战场上打成平手，高拱却借机清除了另一批政敌，从而占据实际上的优势。朝中斗争的天平倾斜得更加厉害了。

很快，更加兵强马壮的高拱一党，又向渐渐孤立的赵贞吉再次大举进攻。高拱手下的言官韩楫出马，弹劾赵贞吉才能平庸，作风蛮横，在刚刚结束的考察工作中偏袒自己的私人！赵贞吉差点气歪了鼻子。在官场上颠仆了大半辈子的老资格、老前辈，到如今终于明白了，自己是搞不过高拱这小子的。别再留恋权位了。于是在十一月，赵贞吉上书辞职。辞职书里，他很辛辣地把高拱讽刺了一顿：我确实是很昏庸的！我自从掌管都察院以来，仅仅在不久前这次考察里面和高拱冲突了一次。而在其他的大半年时间里，面对某些人种种胡作非为、违法乱纪的行为，我都装聋作哑，没有及时出来指正，实在是玩忽职守！我离职之后，如果还让高拱留在内阁，希望不要让他再兼任吏部尚书，以免权力过大，私党建立，危害国家！

这封奏章的内容，应该说还是很靠谱的。当年曾两次顶撞严嵩，后来又和高拱斗了大半年的赵贞吉，毕竟不是一个只会发脾气的老官僚。然而限制高拱权力的这奏章，当然不会得到隆庆皇帝的批准。在隆庆皇帝看来，赵贞吉虽然也值得尊敬，却不如高拱贴心。

这样，斗遍内阁的赵贞吉，被高拱请下了课。由于在政治斗争上的卓越表现，原本排名第五的高拱，得以超越张居正，成为位居李春芳之下的次辅。

另一方面，隆庆皇帝当年在裕王府里面的第四位老师，时任礼部尚书的殷士儋进入内阁，成为排行第四的大学士。这并不符合高拱的心意，因为高拱想要的是听话的阁僚，而殷士儋性情倔强，不比赵贞吉更好对付。不过，只好先这样了。

在这次斗争中，张居正的立场，应更偏向高拱。毕竟从志向

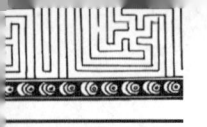

才能上，他是认可高拱的，而对于倚老卖老乱发脾气的赵贞吉，他也有些讨厌。

然而另一方面，在高赵决战的考察事件中，被高拱借机整掉的那些官员中间，有他的同门吴时来，有他的朋友耿定向。看着熟人一个个被高拱干掉，张居正隐隐有了一丝寒意。

先让你得志吧，高拱。现在的内阁，也需要一个强有力的人来支撑。我的肩膀还稍显稚嫩。只要能为国出力，我不介意暂时给你打下手。

当然，只是暂时。

从高拱的角度来看，他对于张居正的感情，也是相当复杂。

正如张居正所知道的那样，他对张居正的才能、气度和志向，都非常认可。可换一个角度说，张居正毕竟是徐阶的门生，嘉靖四十五年那个夜晚的遗诏，总是让他难以释怀。所以对这个才能仅次于自己（高拱自认为）的人，高拱有隐约的防备之心。

不过，高拱虽然要夺权，却也要做事。从这一点上，他和徐阶是一样的。要做事，就需要有才能的人。既然张居正本人对我表示了善意，我也就接受这善意，让他帮我一起振兴大明吧。

张居正的最厉害之处，在于他善于和人处关系。既不锋芒毕露得罪人，也不阿谀奉承去讨好。无论对待谁，都是堂堂正正，有一说一。这样，反而让所有的人都觉得他光明磊落。无论在徐阶和严嵩的斗争中，还是在高拱揽权的斗争中，他虽然是有立场的人，却能在对峙各方中间来去自由，不受到任何一方的牵连，这无疑是极大的本领。

双峰并峙

高拱确实是超一流的政治良才，尤其擅长用人。在他短暂的几年主政期间，除了用王崇古安定北部边疆之外，他还任用潘季驯治理黄河水患，任用张居正的同年殷正茂平定南方少数民族的叛乱，都取得了很不错的成效。因为在封贡事件中的表现，高拱还罢免了兵部尚书郭乾，然后由吏部尚书、军事专家杨博管理兵部的事。与此同时，高拱自己则继续用大学士的身份管理吏部的事，以保证大权在握。这当然是较为畸形的一种格局，不过倒也算是人尽其用。

在高拱的治理下，大明国事继续保持徐阶当政时期稳步上升的势头，史称"隆庆新政"。

和高拱配合搞建设，张居正感觉应该很好。但高拱绝不是一个厚道人。国家治理得差不多的同时，他又想起自己的私人恩怨，他的第一号仇人，自然是那个曾让自己首次下野的徐阶。当时，因为被海瑞"忘恩负义"地"大义灭亲"了一把，徐阶已经陷入官司缠身的状况。而高拱要痛打落水狗，继续狠狠地整徐阶。

当了大半辈子老实人的李春芳，居然挺身而出，在高拱的火力下维护自己的老师徐阶。

高拱冷冷一笑，心说："徐阶虽然下野了，只要他人不倒，就是一股潜在的政治势力，对我存在威胁。当然，这些道理跟你是讲不清的。既然你要维护徐阶，那就和他一起去吧！"

高拱就转而先把火力向李春芳倾泻，指示自己的党羽，多次上书弹劾。看着高拱的功绩和名声都如日中天，李春芳早就有些坐不住了。这位忠厚老实之人，本来就是因为老师徐阶的急流勇退，才莫名其妙成为首辅。几年来他在这个原本不该属于他的位置上，看到了张居正的意气风发，高拱的东山再起，以及形形色色的建设与斗争。或许现在，该让位了吧。

他一再上书要求辞职。终于在隆庆五年五月，李春芳致仕。高拱成为名副其实的首辅，而张居正再次晋升次辅。

到了这一步，张居正渐渐感到，他和高拱之间的这种亲密战友关系，有向另一面转换的危险。

直接的原因自然还是在对徐阶的态度上。对张居正而言，徐阶始终是恩师，是最值得尊敬的人。而高拱则把徐阶看作眼中钉。早在隆庆三四年间，海瑞调任应天巡抚时，张居正便曾写信给徐阶的儿子，希望他们收敛些，在海瑞面前乖些，不要给徐阶添麻烦。后来高拱专权，对徐阶的一些旧政加以改变，张居正隐忍了。他理解高拱要独揽大权的必要，也不愿意为这个跟高拱决裂。哪怕被高拱贬斥的那些徐阶旧党中，有他的同门和好友。

然而到隆庆五年，高拱已经成为事实上的独裁者以后，针对徐阶的打击也愈发严重。徐阶的三个儿子被捕，田产也被充公了。这种情况下，张居正一方面要竭尽全力去保徐阶——他不能坐看恩师遭到太悲惨的境遇；但同时，他又必须在政治上和徐阶划清界限，至少不能让高拱认为他是徐阶一党。因此，张居正开始走一条很艰难的独木桥。稍微失去平衡的结果，就是灭顶之灾。

隆庆五年徐阶生日的那天，张居正给徐阶写了封信，自称"不敢走介，畏行多露""鄙怀种种，亦噤不敢言，临楮惆怅而已"。这是张居正对自己情形的真实写照。一方面，他竭力地在调停徐阶和高拱。这种调停当然不是让两者妥协，只是让高拱不要把徐阶逼得那么狠。在书信中，他经常对人说，高拱是光明正大的人，"宅心平恕""必不藏怒蓄恨"，怎么会去存心整徐阶呢？这种策略并非在宽慰徐阶，而是指望传出去让高拱有所收敛而已。

张居正对于徐阶的私人感情，是毋庸置疑的。同时他并不掺和徐阶和他人的政治斗争。这样的策略，在嘉靖时代，曾经躲过了严嵩和严世蕃的追查，使得张居正能悠然中立于两派之间。但如今当权的高拱，却是个更加精细与冷酷的人。他对于徐阶的防备，远远超过严嵩。更何况，嘉靖驾崩之夜张居正和徐阶的联手表演，更是他永不能忘却的。

而且，朝中一群阿附于高拱的臣僚，自然要借着踩别人来达到自己晋升的目的。他们并不相信张居正能完全抛开政治立场和权势，仅仅从感情上亲近徐阶。在他们的盯防下，竟然找出了一些所谓的证据：张居正收了徐阶的儿子三万两银子，所以帮徐阶说话。

高拱听到这个消息，半信半疑。于是在大学士的朝房里面，上演了精彩的一幕。

高拱在工作之余，忽然长吁短叹。他对张居正说："张太岳

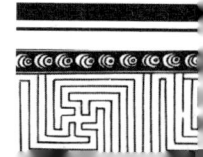

啊，你有好几个儿子，我却没有儿子，真是悲凉呢。"

张居正同情地看着高拱。这位六十岁的阁老，手握大权却没有儿子，在封建时代确实很悲凉。为了冲淡这种尴尬，他开了句玩笑："儿子多了，也不好养活啊。"

高拱立刻抓住这句话借题发挥："有徐阶送你的三万两银子，还怕养不活几个儿子吗！"

这个刺激实在太大了。张居正的背脊冒出一身冷汗。他立刻变了脸色，指天指地，赌咒发誓地否认这件事。

看着张居正的样子，高拱微微一笑，承认误会。事情算勉强结束了。

在高拱看来，吓唬张居正一下，让他别忘乎所以，也就是了。而在张居正看来，面对如日中天的高拱，他只能继续隐忍，隐忍！

后来，因为徐阶已经从政治上被彻底打倒，高拱放了心，也出了气。看着徐阶家破人亡的可怜样，他也生了一点恻隐。加上张居正见缝插针的劝解，高拱终于和徐阶和解。张居正也算帮助老师避免了最坏的命运。

朝廷里面，两个能人共处，即使不带私人恩怨，因为工作上的事情发生分歧，也并不奇怪。而高拱的权势欲望过于强烈，随着他成绩的显现，地位的提高，他的自负也越来越甚，几乎听不得不同的意见，很容易把工作上的分歧上升到政治斗争的高度。这样，张居正渐渐感到，即使工作上的配合也开始有困难了。

比如说，在隆庆五年，给事中李贵和建议在山东地区开凿一条新水道，把胶河和莱河沟通起来，形成直穿山东半岛的水路航道，这样就可避免过去海运需要绕过山东半岛的风险了。高拱对此建议非常欣赏，极力主张开工。而张居正考虑到开挖河道工程浩大，即使挖通了，因为缺乏水源，这条运河的持续能力也很堪忧。

虽然有这些顾虑，张居正却不敢公然反对。因为他害怕这种反对被高拱当作政治上的对抗。

万般无奈之下，他玩了一个"偷梁换柱"之计，向高拱建议派给事中胡梗去实地勘察，指定开挖河道的规划和预算。这位胡梗，是高拱一系的干将，同时又是一个有才能、肯坚持原则的能臣，高拱当然同意了。等胡梗到山东实地调查后，也得出和张居正一样的结论：连通胶莱河的工程，并不现实。他和张居正商量后，便如实告知高拱，高拱本来是诚心想为国家做事的，既然此事不可行，也就打消了计划。

张居正用自己的聪明机智，避免了一次可能的冲突。但由此事例，也可知高拱的专权跋扈，在当时的朝中，已经造成了怎样的影响。

等到隆庆五年的冬天，内阁中又发生了一次风浪。这一次对峙的双方，一方自然还是高拱，另一方则是高拱和张居正之外的第三名内阁大学士——殷士儋。

殷士儋和张居正、李春芳、王崇古等人，都是嘉靖二十六年的进士，也曾和张居正一起在裕王府上教书，和张居正、高拱都算得上老同事。这个山东大汉为人耿直倔强，说话不招人待见。

隆庆三年高拱二次入阁后，殷士儋本想请高拱拉兄弟一把，但高拱想要的是听话的人，他自己正准备收拾倔老头赵贞吉呢，怎能再拉进来一个倔小子？殷士儋看高拱不肯帮忙，倔脾气一犯，就走了太监的门路，终于在赵贞吉被高拱赶走之后，得以入阁。

殷士儋果然是一块又臭又硬的石头，入了内阁后，也不懂得给高拱下矮桩。在讨论是否要给俺答封贡开市的问题上，内阁四个学士中李春芳、高拱和张居正都赞同，唯独殷士儋反对，这就让高拱很不舒服。

后来，高拱狠整徐阶的时候，殷士儋又站出来，帮着李春芳维护老师。等李春芳下台，高拱当上首辅，殷士儋已经处于绝对劣势，他却还是不肯收敛，继续跟高拱抗到底。高拱想要把张四维提拔进内阁作为自己的助手，殷士儋却指示御史郜永春弹劾张四维。这回，高拱终于忍不住了，开始对殷士儋发动进攻。

首先出马的是御史赵应龙，接着高拱部下的大将，都给事中韩楫，率领他手下的一群言官，开始轮番对殷士儋轰炸。弹劾的事由，从鸡毛蒜皮到捕风捉影，真是漫山遍野，如火如荼。

殷士儋是直肠子山东大汉，哪里受得了这个？很快，他爆发了。

根据明朝的惯例，每月的初一、十五，给事中都到内阁和大学士们见面，大家沟通一下工作，联络一下感情，叫作"会揖"。某一次会揖，殷士儋对韩楫说："韩大人，听说你对我有些不满意啊。这没啥关系，不过，犯不着给别人当枪使啊！"

当着内阁和言官的面，这话也说得太直接了。韩楫一下子愣住了。高拱在一边，脸上也盖不住了。他愤愤地说："这成何体统！"

这一下子，憋了多少日子的殷士儋，终于找到发泄口了。他聊起衣袖，指着高拱的鼻子，慨然大骂道："说的就是你，高拱！赶走陈阁老（陈以勤）的是你，赶走赵阁老（赵贞吉）的是你，赶走李阁老（李春芳）的也是你！现在为了提拔张四维，你又要赶走我！好吧，反正内阁永远是你一个人的！"

骂完还不解气，今儿反正脸面撕破了，不如干脆揍他一顿，就算离职也够本了！于是少保、武英殿大学士殷士儋紧握双拳，朝着少师、建极殿大学士、兼署吏部尚书高拱猛扑过去，要把高拱毒打一顿。

张居正不料情形变成这样，赶紧上前劝解，殷士儋给他也一顿痛骂："张太岳，你少管闲事，等我打死高拱再和你分说！"

看着武二郎一般的殷士儋，张居正也不禁放慢了脚步。幸亏旁边的年轻人多，七手八脚把殷士儋给按住，高拱才免了皮肉之苦。这一场内阁闹剧，也就草草收场了。

经过这一次的武斗，幸免于难的高拱再次指示御史对殷士儋弹劾。殷士儋也厌倦了，知道比权术自己离高拱差得远。于是他自己一再上疏，请求致仕。十一月，殷士儋辞职退休。

这样，内阁中只剩下了高拱和张居正二人。

张居正对高拱的才能，依旧是佩服的。甚至连高拱对徐阶的打击，他也理解，其中除了私人恩怨，很重要的是确保政治权力的绝对把握。

因此在可能的情况下，张居正愿意寻求在高拱领导下共同建

立功业。然而，高拱的独裁作风，却越来越不给他这样的机会。

其实这也怪不得高拱。一山难容二虎，庸才可以臣服良才，良才可以臣服天才，两个水平相当的天才在内阁共事，却总是少不了相互猜忌和提防。

毕竟，真正掌握大权的，同一时刻只能有一个人。

张居正曾经在回忆中把自己和高拱关系，比作西汉著名宰相萧何曹参、丙吉魏相这样的好搭档，又说他与高拱是"生死之交"。在隆庆五年十二月高拱六十大寿的时候，张居正还撰写文章，将隆庆皇帝比作周成王，将高拱比作周公，将自己比作召公，说"即余驽下，幸从公后……公每降心相从，宫府之事，悉以谘之，期于周、召夹辅之谊，以奖王室"。

然而这个比喻，却又可以说一语成谶。因为根据历史，周公辅佐成王时，召公其实是很不满的。张居正也正是如此。才能与自己相当的高拱，在首辅位置上，而且对于他人的反对意见，抱着超出必要的警惕。自己既然不甘心一辈子给人打下手，那么，迟早必然与高拱有一场战斗。

尤其前后目睹高拱在短短两年内，从内阁赶走了四个大学士，张居正对于"和平共处"更是不抱丝毫幻想了。是的，殷士儋说的没错，高拱认为内阁首辅是他自家的。然而我却对这个职位也有兴趣哩。

那么就靠手段来决定吧。

张居正明确了这一点。他从徐阶对严嵩的斗争中吸取了经验，又从高拱对徐阶的"反攻倒算"里吸取了教训。现在，他准备自己来发动这一场斗争了。

但在斗争之前,他还必须隐忍。徐阶千锤百炼的这一秘诀,务必等到最好的战机,然后寻求一击毙命。在这之前,是要全身心地去迎合高拱的。

进入隆庆六年(1572年),先后驱逐了陈以勤、赵贞吉、李春芳、殷士儋的高拱,其飞扬跋扈更甚一等。甚至,他最初秉持的节操也开始渐渐淡化,以至于公然收受外来的供奉。在朝廷上,从来都有这样的惯例:你的权势越大,越可能招来更多的打击。高拱便是如此。

隆庆六年三月,尚宝卿刘奋庸上疏,提了五个建议。第一条是皇上要保重身体,第二条是皇上要总揽大权,第三条是皇上要勤俭持德,第四条是皇上要自己看奏章,第五条是皇上要重用忠良之臣。

这五条看似平淡,其实却有玄机。第一、三条倒也罢了。第二条和第四条,分明是说皇上你不要把大权都交给某些人了。而第五条要皇帝用忠良,那么言下之意,现在用的,就不是忠良了。总而言之,这封看似套话的奏章,一半是在暗中喷高拱的口水。

随即,给事中曹大野又上疏,弹劾高拱的"不忠十事"。高拱麾下的言官随即迎战。在给事中涂梦桂等人的弹劾下,刘奋庸和曹大野都被贬官远谪。

有人认为,这攻击是张居正向高拱斗争的前奏。不过从史料前后来看,就算他们真是张居正指使的,张居正也一定做好了精心准备,绝不因为这一次的弹劾,就暴露己方的实力。或者说,

不管张居正是不是这次弹劾高拱的主谋，至少当时朝中大部分人，包括高拱都认为不是。在高拱看来，张居正还算是一个百分百的能干副手，以及百分之五十的良友。

不过，张居正肯定不甘于这个评价的。在满朝文武因为高拱的威势和才气，或唯唯诺诺，或心怀不满时，只有张居正不动声色地站在高拱身侧，认真完成他交代的任务，帮助他治理帝国。在张居正心中，却在竭力搜寻着可能对自己有利的战机。

徐阶老师，你教给我的，我总会用到。

张居正开始分析整个朝廷上的形势。高拱是内阁首辅，又是吏部老大，双料实权派。高拱的门生故吏遍布朝廷，皇帝也是高拱最忠诚的学生。

自己呢，在高拱面前，实在显得太薄弱了。

然而张居正并不着急，他仔细分析着，过去二十年内阁斗争的案例，一幕幕经过眼前。

当年，首辅夏言脾气太直，得罪太监，而严嵩利用太监传递对自己有利的话，终于取得嘉靖皇帝信任，整死了夏言。

后来，徐阶老师在对抗严嵩时，以其人之道还治其人之身，也是通过拉拢太监进言，逐步取得了均势。

再往后看，高拱之所以二次入阁，虽然出自"邵大侠"的谋划，但也和太监陈洪的推波助澜有直接关系。

甚至，那个招高拱恨的殷士儋，之所以在高拱的阻挠下还能进入内阁，也和他走了太监门路有关。

张居正舒了一口气，他把眼光投向宫中，准备寻找自己未来的同盟军。功夫不负有心人，还真给他找到一个。他的名字叫冯保。

明朝出著名太监，什么王振、刘瑾、魏忠贤，个个如雷贯耳。相比之下，冯保名头不如这几位，却是个非常奇特的太监。通常太监家境不好，粗通文墨便已经算很难得。而冯保多才多艺，不但精通经史，还精于乐理，擅长演奏，喜欢绘画，兼营文物收藏。总之是个素质很高的太监，正和张居正的胃口。

更让张居正高兴的是，冯保平生有一个仇人，冯对其恨之入骨。这个仇人就是高拱。

冯保和高拱有什么仇呢？

原来明代的太监机关中，负责帮皇帝批改奏章的司礼监权力最大，等于是皇帝的机要秘书。而冯保就在司礼监中待过。之后，他又成为东厂提督太监，兼御马监管事太监。也就是同时掌握着特务机关和武装部队。

这种情况下，冯保决心要取得人生的最大成功——回到司礼监，担任掌印太监，也就是负责给公文盖章的印把子太监。

正在冯保的雄心壮志将要实现之时，高拱却插了一杠子：他把御用监管事太监陈洪给安插到了这个宝座上。这并不奇怪，毕竟当年高拱重回内阁，是靠陈洪出了大力气的。

冯保面对这不公平的一幕，又气愤又无奈，只好继续等待。

不久之后，陈洪卸职，这回该轮到冯保了吧？不！高拱又出现了，他把尚膳监的太监孟冲扶持上位，冯保还得等！

一次还能忍，这么接二连三下去，也欺人太甚了吧！冯保因

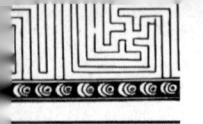

而恨高拱入骨，把高拱当作自己进位的最大障碍。

张居正与冯保商定，遇到事情由冯保出面，张居正在私下出谋划策。两人不公开联系，总是私下交流感情。

高拱对于冯保和张居正的勾结，或许略有耳闻，据说还因此专门责问过张居正。但在张居正的笑脸下，还是搪塞过去了。在隆庆六年四月，高拱又把前礼部尚书高仪引入内阁，任文华殿大学士。高仪和李春芳、陈以勤等人一样，都是出名的老实人。高拱让他入阁，显然是作为一颗听话的棋子。

一切都尽在高拱掌握。

张居正清楚，只要隆庆皇帝在世，那么短期内撼动高拱便很难。因为隆庆皇帝对高拱的感情太深了，他又不像嘉靖那样好猜忌，容易被诱导。那么，不用急于求成好了。反正隆庆皇帝身体并不太好。等他驾崩之后，应该有别的机会的。

这个机会，来得比预想的快得多。

在不断的政治战争中，穆宗皇帝终于感觉厌倦，在隆庆六年五月骤然逝世，年仅三十六岁。他年仅十岁的儿子朱翊钧即位，就是万历皇帝。

一决雌雄

隆庆皇帝朱载垕当年还在裕王府的时候，娶过一位昌平姑娘李氏，但很早就死了，朱载垕又娶了通州姑娘陈氏作为正妻，并在登基后封为皇后。好色的朱载坖还宠幸了其他许多美女。其中最受宠的一位，是漷县姑娘李氏，后来封为贵妃。李贵妃生下了隆庆皇帝的第三个儿子朱翊钧。

由于隆庆的前两个儿子都夭折了，所以朱翊钧实际上是独苗，深受宠爱，被立为皇太子。

这位皇太子聪明伶俐，五岁开始读书。有一次隆庆皇帝骑着马在宫中游玩，年幼的朱翊钧奶声奶气地和他说："父皇，您独自骑着马，万一摔下来怎么办？"隆庆皇帝见儿子这样懂事孝顺，心里像吃了蜜糖一样。

这段时间，皇后陈氏体弱多病，住在偏宫里。于是每天早晨，李贵妃就常常带着太子，去给皇后请安。朱翊钧在皇后面前，也是非常孝顺体贴，还懂得撒娇邀宠。陈皇后自己没有孩子，固然是一个缺憾，但女人的母性总是存在的。看着这个可爱的小男孩在自己面前很乖的表现，禁不住爱心泛滥，把皇太子当作自己的亲骨肉看待。

这样，原本存在利益冲突的皇后和贵妃，靠着这一个孩子，也就团结友好起来。年幼的朱翊钧，也就是日后的明神宗（万历皇帝），早在幼小时，便表现出如此出色的政治能力。

朱翊钧的母亲李贵妃，也是个不寻常的女人。她的父亲李伟，因为乡间不安静，搬迁到北京，无从谋生，就把女儿送进裕王府里。开始只是做一名宫娥，却不想被裕王宠幸，后来竟生下了皇太子。李伟和他女儿毕竟都是生意人家庭出来的，多少带上了一些市侩风气。这种风气给日后的明朝历史，增添了许多说不

清道不明的谈资。

隆庆六年五月己酉那天，隆庆皇帝在坐朝的时候突然出现了严重的中风症状。内监冯保恰好在旁，连忙把隆庆皇帝扶住，随即退回宫中。不久，宫中传来旨意，召内阁大学士高拱、张居正、高仪速至乾清宫！

三位大学士入宫后，看见隆庆皇帝斜倚在御榻上。陈皇后、李贵妃和皇太子朱翊钧都立在御榻旁。此外，还站着高拱最讨厌的人——冯保。

看见三位大学士，尤其是自己最信任的老师高拱进来，隆庆皇帝强打精神，拉住高拱的手，抬眼看着三位大学士说："我继承帝位方才六年，就生了重病，眼看起不来了。皇太子年龄还小，一切都付托给诸位先生了。希望你们辅助新皇帝，遵守祖宗的制度，这是对于国家的大功呀。"

冷酷而倔强的高拱，禁不住老泪纵横。眼前这个病重的皇帝，是他当年呵护而成长起来的，虽然有君臣之分，却也看得和自己的子弟没有区别。如今落得白发人送黑发人，那是何等的压抑。高拱只能含着热泪，答应皇帝的嘱托。另一边，皇后、贵妃、太子和太监，早已哭出声来。

张居正也被这一幕撕裂心腹。他同隆庆皇帝的感情虽然不如高拱，也是有师生之谊的。他和高仪一样，呜咽应答。之后，三个大学士受了遗诏，叩头回到内阁。

次日庚戌，正式宣告隆庆皇帝逝世。大臣们都在内阁里痛哭。六十一岁的高拱呼天抢地地号啕着："十岁的太子，怎样治天下啊!"失去了隆庆皇帝的支持,高拱心知自己的环境再不如以前良好。但他更忧虑的,是如何在新皇帝年幼的情况下,继续维持整个帝国的良好运转,而不让几年"隆庆新政"的成果付诸东流。

看着哭得声嘶力竭的高拱,张居正一面擦眼泪,一面却在心中暗自盘算着不同的内容。他对于隆庆皇帝之死也充满悲伤,但他更思虑如何借着这一个机会,清除自己掌权路上的障碍。

这个障碍,当然就是内阁首辅高拱。

虽然隆庆皇帝死了,高拱失去最强有力的支持,但他的综合实力依然比张居正强过太多。

但张居正比高拱有利的地方,在于两点。

其一,张居正有一个盟友冯保。冯保久居宫中,得到皇后和贵妃的信任,同时隆庆皇帝死的时候他也在身边。

其二,现在张居正已经在全力准备对付高拱了,而高拱还不知道。

这两个有利因素,张居正势必要把它们发挥到极致。第一步,就是让冯保跳出来,吸引高拱的火力。

按照《明史·冯保传》的说法,冯保玩弄了相当漂亮的一手花招。那就是在隆庆皇帝刚死,他就拿出一封遗诏念起来。遗诏中,除了有皇帝对自己的一些反省,对未来工作的一些希望之外,还加上了一句:由司礼监掌印太监与内阁大学士共同辅政!

高拱看到这遗诏,当然非常不爽。不过眼下的司礼监掌印太监孟冲,算是高拱系统的人,所以也就忍了。不料就在几天后,

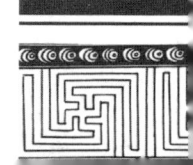

冯保又拿出另一封遗诏，宣布：冯保接任司礼监掌印太监！

一句话分两段说，就这么绕过了高拱的警惕心，把冯保给凑合到了"共同辅政"的地位上。

这一个段子，当然是妙趣横生乃至惊心动魄，也颇为符合冯保这种有小聪明，有大野心的文化太监的品位。不过据现有史料来说，多半不是真的。一个很有力的例子，就是在日后张居正和冯保炙手可热的岁月里，他们之间的书信中，压根没有提到冯保同受顾命的事。

另一方面，从之后几天冯保和高拱争斗的过程来看，这个所谓"共辅国政"的名号，也一次都没有被使用。

再者，冯保要通过假传遗诏给自己揽权，必须在外取得张居正的支持，在内至少得到皇后和贵妃的默许。从这一方面来说，冯保"接任司礼监掌印太监"是顺理成章，但"共辅国政"就简直是笑话了。就算陈皇后和李贵妃以妇人之见不反对，张居正也不会糊涂到这一步的。

所以，更切合实际的情况，冯保的野心就是赶走孟冲成为司礼监的掌印太监。他也确实拿出了这样一份遗诏（多半是假造的）。至于同辅国政云云，很可能是根据野史造成的以讹传讹。

总之，隆庆皇帝死了。六月甲子，皇太子朱翊钧继位，即是后世的明神宗万历皇帝，当时年仅十岁。神宗继位不久，一道"中旨"就到了内阁，其中重要内容，就是冯保接任司礼监掌印太监。

不管如何，冯保发布这一道"接任掌印"的遗诏，高拱立刻嗅出了其中的战争气息。他愤怒的拍案叫道："中旨，到底是谁的旨意？皇上年龄还小得很呢！都是你们这些太监搞的鬼，迟早要把你们全收拾掉！"

传旨的小太监面如土色地跑掉了。

冯保得到这个回应，当然知道高拱的态度。于是以高拱为一方，以冯保为另一方的政治战争，正式鸣锣开唱了。

在这场斗争中，冯保身后的支持，是几乎毫不懂政治的陈皇后、李贵妃。高拱则拥有遍布满朝的官员作为党羽，尤其是给事中和都察院的言官们。双方的实力对比，如果光看人员才干，简直就是相差悬殊。

只不过，冯保身在宫中，靠近皇帝，高拱也不敢完全托大。

由于冯保在热身回合中拿出了遗诏，自己给自己封了司礼监掌印太监的职位，算是放过了大招。所以下一回合，轮到高拱先动手。

高拱老奸巨猾，他叫来自己的心腹大臣雒遵、程文，经过仔细商议，制订出几近完美的攻击计划。

高拱这回合攻击的第一道火线，是由六科给事中程文，十三道御史刘良弼等发起的。他们的奏疏如同雨点一样飞出，篇篇直砸冯保。这些都是在朝廷里翻来覆去吵了半辈子的老讼棍，可怜冯保一个深宫太监，仗着点小聪明，几时见过这种阵仗？

正在他惶惶不安时，六月十三日，高拱方面的第二道火线又发出了。这次的主攻手是礼科都给事中陆树德，吏部都给事中雒遵等人。

如果说第一顿狂轰滥炸只是给冯保来个下马威，这一次可是

玩真的了。陆树德直接攻击冯保掌司礼监之事的合法性。他在奏疏里说：先帝甫驾崩不久，忽然传冯保掌司礼监。如果是先帝（隆庆皇帝）的意思，何不在几天前就说，而偏要在弥留之后？如果是陛下（万历皇帝）的意思，那陛下刚刚死去父亲，正是哀痛深沉的时候，怎么可能顾得上去给一个太监封官？

陆树德逻辑学得不错，直接用排除法推出了唯一合理的结论：这遗诏既不是隆庆的意思，也不是万历的意思，只能是冯保的矫诏，也就是假传圣旨。按照法律是要杀头的。这一道奏章刀光剑影，直取冯保的要害。

雒遵也不含糊，他看到万历皇帝坐朝的时候，冯保站在御座旁边，于是攻击说，冯保区区一个下等人，竟敢站在天子的宝座边上，我们文武百官是在拜天子呢，还是拜这个太监？分明是欺负陛下幼小，无礼至此！

站位置，现代人看来是小事，但那时候这个叫礼制，这也是一把见血封喉的刀子。

同时，工部都给事中程文上书，弹劾冯保身为太监，竟然向先帝（隆庆皇帝）进送春药，导致先帝英年早逝。这种奸恶之徒，罪不可赦！

于是乎，冯保又被扣上了弑君的恶名。

除此之外，高拱手下其他的言官，也纷纷出马，漫天血雨，直指冯保，不把冯保碎尸万段，绝不罢休。

冯保这才见识到了高拱的利害，自己跟他压根不是一个量级的。他彻底崩溃了。面对着气势汹汹的攻击，他束手无策，只能坐在宫中待毙。

而高拱这边，以"堂堂之阵，正正之旗"，用绝对优势一举封了冯保的全部退路，自然有一种拔剑四顾的成就感。很快，就可以除掉这个死太监，再次把国政完全掌握在自己手里了。

然而他终究疏忽了，忽略了站在自己身后的一个人。张居正。

在准备对冯保进行最后一击之前，高拱刻意征询了内阁中两位同僚的意见。高仪是个老实人，并不愿意卷入这种斗争，所以从四月入阁的时候，高仪就一再称病推阻。好容易在高拱和张居正劝告下入阁，如今又真的病倒了。面对着高拱的慷慨陈词，他除了唯唯诺诺，没有别的表现。在他这一方面，高拱看不到什么援助，也不指望什么援助。

接下来就是张居正了。在万历皇帝即位以后，张居正奉诏到大峪岭去视察皇陵的地形，准备给隆庆皇帝准备丧事。由于正值盛夏，路上又辛苦，张居正回来以后又请了病假。

当高拱亲自上门拜访时，张居正强支病体，热情接待高拱。这让高拱感到非常舒服。随后，他将自己解决冯保的全盘计划都告知了张居正，并且询问张居正："你觉得如何？"

张居正毫不迟疑地回答："自当听从差遣！除掉冯保，易如反掌！"

高拱满意地走了。虽然之前听说过张居正和冯保勾勾搭搭的流言，但高拱有自信，眼下对付冯保，即使再加上那两个头发长见识短的寡妇皇太后，他也是胜券在握。而且张居正一向很知趣的，他见识过高拱的厉害，应该也不会来找抽吧？

另一方面，张居正也在思索。

他知道，如果继续作壁上观，两三天内，冯保多半就要被高

拱连根铲除。

平心而论，单讲人品和才能，高拱都比冯保强得多。如果一定要为大明帝国保留一个，相信稍有良知的人，都会选择前者吧。

然而很不幸的是，我是张居正。

高拱，我和你一样，也有满腹的才华，也有满腔的热情。

还记得当初我们共同立下的誓言吗，我们要振兴大明，立下千秋万世的功业。而这个功业，我认为，由我来立，会比你做得更好。

于是，张居正秘密地去找到了冯保，告诉他，高拱已经准备总攻了。

这个时候，冯保就算知道高拱的计划也没用了。就好比是战争中，他的阵地已经被高拱的火炮导弹炸得稀巴烂，就算明知敌人即将发动坦克冲锋，他还能怎样？

然而张居正告诉冯保，有一个人可以对付高拱。

接着，他说出了这个人的称呼，而不是名字。"当今万岁。"

冯保顿悟了。在他和高拱的对峙中，双方都只看到了台前幕后的成年斗士，却把年仅十岁的皇帝给忘记了。

看样子，隆庆皇帝几年的宽和柔弱，让大家都习惯性忽视皇权的至高无上。对高拱来说，皇帝是他一手保护下来的学生，更是有这种思维。

然而张居正不会。他是一步步看着徐阶斗倒严嵩的。在嘉靖皇帝的为所欲为，严嵩和徐阶的奉承天恩中，他脑海中深深留下"挟天子以令诸侯"的字样。

只要皇帝下令，高拱算什么？

而且，如今皇帝最亲近的两个人，陈皇后和李贵妃，都是支持冯保的。

但是冯保还是有一点疑惑。皇帝虽然只有十岁，但聪明伶俐，要他除掉高拱，总得找个理由吧？

张居正微微一笑。从徐阶的身上，他学到了揣摩乃至引导皇帝意图的本领。简要地说，你要栽赃给对手的，不应该是最卑劣的罪恶，而应该是皇帝最讨厌最害怕的言行。

而当初在内阁里，高拱曾经说过一句话："十岁的太子，怎样治理天下啊！"

冯保的眼睛亮了，但张居正止住了他的激动：别慌，要这句话奏效，还得稍微修正一下。

隆庆六年六月十五日一大早，司礼监掌印太监冯保急慌慌地跑到宫中，向皇帝报告一个极为重要的情况。当然，皇帝的亲妈李贵妃也在一旁。

这个情况是，内阁首辅高拱，居功自傲，图谋不轨！

万历皇帝虽然年幼，毕竟天资聪明，读了好几年书。听到图谋不轨四个字，禁不住有些紧张。而他妈妈李贵妃更是紧盯着冯保。

紧跟着，冯保拿出了那一句阴谋的证据："高拱曾经说过，十岁孩童，如何做天子！"

篡改了区区几个字，这句话立刻从牢骚变成了谋反。而正是这一点区别，让高拱顿时落入万劫不复的境地。

李贵妃出身于市井的平民家庭，见惯了这一阶层的斤斤计较和钩心斗角。对于朝廷上的斗争，她并没有深入的理解。但从她

小市民的心态，很自然地要抱紧属于自己的权力和地位。

六月十六日，万历皇帝传旨，命令六部内阁等进宫开会。

高拱很高兴。在他看来，一定是之前的轮番弹劾起了作用。趁势把冯保收拾掉，就是举手之劳了。他派人去通知张居正和高仪，一同进宫。

结果，高仪继续称病，说不能上朝。很显然，这位老实人并不傻。虽然不清楚内幕和走势，他至少知道今天将是一场对决。作为旁观者，他实在不想卷进去。

而张居正呢，他勘察皇陵，路上受了暑热，病假还没销，也在推辞。

高拱以为他犹豫了，再三催促，甚至还鼓励张居正说："没什么大不了的。今天进宫当面弹劾冯保，真要是得罪了皇上，我就辞职不干，由你来当首辅！"

张居正客气了几句后，告诉高拱："您先去，我随后就来。"

一无所知的高拱大步向无极殿走去。他要以堂堂正正的战法，一举摧毁冯保。

进入殿中时，高拱赫然发现，在一脸气愤的小皇帝身边站着的，正是自己的死对头冯保，脸上还挂着得意的笑容。

瞬间天旋地转，高拱明白自己失败了，随即便听到了冯保传皇帝、皇太后和李贵妃的谕旨：通告内阁、五府和六部的大臣们。先帝上天堂的前一日，召集内阁三位大臣到病榻前，与我们母子三人一起受遗嘱，要他们好好辅佐年少的皇太子（就是当今皇帝）。谁知道首辅高拱"揽权擅政，夺威福自专，通不许皇帝主管"，以至于我们娘儿仨担惊受怕，日夜不安。现命令，立刻

108

把高拱撤职，赶回老家宅着！你们这些大臣，受了国家的厚恩，如何也趋附权臣，蔑视幼主！今天开始，一定要洗清过去的毛病，忠心报国。再像以前这样乱来的，小心刀下不留人！

这篇谕旨从行文看，颇似冯保笔下，浅显易懂，文理也还畅通。对高拱的罪名描述，严格说来并非冤枉，却很无稽。明朝后期本来就是内阁制约君权，现在小皇帝年仅十岁，高拱作为先皇的师傅，内阁首辅，当然要"揽权擅政"了，什么又叫作"通不许皇帝主管"？总之，真正触怒皇帝的"不轨"言论，在这里没有体现，罗列出来的罪名，统统都是欲加之罪，何患无辞。高拱算是被结结实实地黑了一把。

多年的老江湖，在一瞬间精神崩溃，面如死灰，汗如雨下，趴在地上半天不动窝。据说，随后赶来的张居正，眼望着这个在一天以前还不可一世的人物，心中生出了怜悯，于是扶起了瘫软的高拱。他让人把已经免职的首辅高拱搀扶着送出了宫。接下来，在一群禁军的押送下，高拱行色匆匆地被驱赶回了河南老家。

威震内阁的第一号朝臣，就这样轻飘飘地倒在阴谋之下。而张居正，则顺理成章地成为内阁的首辅。

为这一天，他盼望了许多年。

为这一天，他跟随着徐阶老师，忍辱负重，斗倒了严嵩。

为这一天，他在徐阶和高拱之间周旋。当高拱用狠辣手段欺凌徐阶时，他除了从人情上规劝，并不敢有丝毫的对抗。

为这一天，他不惜去勾结品行欠妥的太监，把一个知己高拱活生生逼得下野离职。

所有的非常手段，隐忍含蓄，都是为了这一天。当年出身平

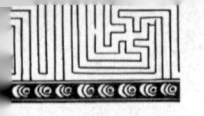

民的天才少年张白圭,如今经过数十年风雨洗练,终于站在了帝国政权的顶端!

六月十九日,万历皇帝召见张居正。此时,张居正刚刚因为去给隆庆皇帝勘察墓葬,中了暑热,请了病假(虽然并不碍害他联合冯保把高拱给做掉)。万历皇帝说:"先生为父皇陵寝,辛苦受热,国家事重,只在内阁调理,不必给假。凡事要先生尽心辅佐。"

接着,万历皇帝又提起了隆庆皇帝对张居正的评价,说是"忠臣之后"。这让张居正感激涕零。他跪在地上说:"我受了先帝的厚恩,又承先帝的顾命托孤,怎么敢不竭才尽忠来报效呢!以我看来,眼下国家的要务,就是要遵守祖宗的旧制,而不必去更改。此外,皇上要多学习知识,亲近贤人,爱护人民,节约费用。这些方面请您多留意。"

万历皇帝点头称是。

张居正又把话头转到了日常生活:"现在天气暑热,皇上在宫中,要注意作息时间,节制饮食,保养健康。"

万历皇帝表示自己知道了,然后下令给张居正酒饭吃。这就是四十八岁的首辅和十岁小皇帝,第一次以这种身份相会。从此刻起,张居正要大展拳脚了。接下来,六月二十三日,老实人高仪竟然去世了。看来他的病不是假的。这样,张居正便成为内阁唯一的大学士,而且也是隆庆皇帝去世时留下来的三个顾命大臣中硕果仅存的一人。张居正此刻的大权是相当稳定。从嘉靖年间开始,按照严世蕃的评论,天下有三个超一流人才,分别是杨博、陆炳和严世蕃自己。而在之后,又有徐阶、高拱和张居正先后横空出世,在内阁里外上演了一出出好戏。

110

如今，陆炳已死，严世蕃被徐阶干掉，徐阶被高拱掀翻，高拱被张居正驱逐。除了淡泊权势之争的杨博，就只剩下张居正在内阁呼风唤雨。

边关的名将谭纶、戚继光都是他的同道；朝廷上没有敢与他抗争的人，被高拱压制的徐阶一党，也都盼望这位同门大师兄能出来引导大局；掌印太监冯保在驱逐高拱的过程中和他结成了生死同盟。而后宫的陈皇后、李贵妃，也对他非常信任。

在这种有利形势下，张居正并没有昏了头。他深知，尽管自己现在已经大权在握，但稍有不慎，便也可能沦为政治斗争的牺牲品。

因此，他采取了各种措施，来保障自己的地位。

首先，他不像高拱一样恃强凌弱，丝毫不肯退让。他对于宫中的太监以及后宫的后妃们，是肯放下架子结交的。因为这个，在数年里他能得到来自冯保和李贵妃的支持。当然，结交归结交，朝廷的实政大权，他把得很严，决不让这些不懂政务的人插手。一方面是情面上的敷衍，另一方面是权力上的控制，这条平衡木张居正走得很好。

在朝廷里的事务和人际，张居正也对高拱的旧法子有所取舍。高拱是相当强干的，既是内阁首辅又是吏部尚书，每天上午到内阁，下午到吏部办案。相比之下，张居正自己亲力亲为不多，但是对内阁和六部工作却洞察仔细，了然于胸，以此更好地安排其他人做事。

高拱仗着地位，对于同僚难免冒犯。这不仅得罪人，还容易招引不必要的矛盾冲突。相比之下，刚刚当上首辅的张居正能够

较为谦抑地接待友僚，团结大多数人。甚至对于政敌，他也不像高拱这样，必定要置之死地而后快。相反，张居正有时候能加以容忍，甚至对他们量才录用。

大权在握的张居正，开始打造朝廷的新格局。万历元年九月，吏部尚书杨博因病致仕，不久逝世。张居正安排南京工部尚书张瀚继任吏部尚书之职。礼部尚书陆树声请求致仕，张居正挽留未果，就亲自到陆树声家中，要他推荐继任者。于是南京礼部侍郎万士和成为下一任尚书。

内阁方面，在高仪去世之后，张居正起用吕调阳为次辅，后来又陆续引进张四维、马自强、申时行等人担任大学士。这四个人对张居正来说，都只是帮忙打下手的，构不成权力上的威胁。张居正的势力逐渐向六部和言官机构渗透，成为明朝名副其实的执政者。

张居正的成功，是站在了前人的肩膀上，从严嵩、徐阶、高拱等人的兴衰之中吸取了经验教训。所以他的地位能够较为稳固。但是，他的目的，绝不仅仅在于取得执政权。

取得执政权，在他也只是手段。之后，他要实现那一个萦绕他心中许久的梦想。

变法去改变大明朝多年以来的弊政，拯救已经在政治上摇落、在经济上停滞的大明王朝。

第四章 万历首辅

张居正作为老师，为了让皇帝学得快点，好点，就根据皇上的年龄特点，亲自编撰了一部《帝鉴图说》供皇上学习。这部书里写了历代皇帝的故事，分成好的和坏的，一共117件，每件事前边画一幅图画，图画后面有文字解说，就像是一部通俗的连环画，图文并茂，好读好记，小皇帝非常爱读，整天翻来翻去。

督导幼主

明神宗朱翊钧当皇帝时年仅十岁，因此皇帝的教育问题成为内阁首辅张居正的头等大事。

张居正深感教育好一个皇帝是一件利国利民的事情，于是他自己毅然肩负起教育小皇帝的责任。他每日除安排好功课外，还专门为万历帝讲解经史；将每日早朝改为每旬三、六、九日上朝，其余时间均安排给万历攻经读史；又请李太后移居乾清宫，让其与万历同住以便朝夕照护，调理管束。

万历读书的地方叫文华殿，坐落在紫禁城东部，为历代皇帝就读省事之处。

十岁的万历帝，尽管身已为人主，心则终属童稚。他爱玩、爱闹，天性活泼，兴趣广泛。可当了皇帝，一切由不得他了。严厉而令人敬畏的张居正先生不仅亲自为他讲解经史，而且还为他任命了五个讲经说史的老师，两个教书法的老师，为他编订了厚达一尺多高的讲义。每日上午，他要学经书、书法、历史。这其中，还要在冯保和其他宦官的协助下，把当天臣僚们上奏的本章一一亲览，在张居正"票拟"旁边用御笔做出批示。他有时觉得很有趣，尽写些"如拟""知道了"一类的字，如同练习书法……吃过饭后的时间他本可以自由支配，却仍不敢懈怠半分，因为李太后和冯保叮嘱他要温习功课，第二天必须把所学的内容背诵出来。如果准备充分，背书流利，张居正先生就会颂扬天子圣明；如果背得结结巴巴或读出别字错字，张居正便会以严师的身份加以训斥，使他感到诚惶诚恐。

在这样严厉的督导下，万历的学业自然不断长进，然而他的天性也日渐受到压迫。登位不过六个月，他似乎已尝到了皇帝不好当的滋味。

转眼已是次年正月，春回大地，花信伊始。再过三天就是上元节了，万历记起父亲在世时，每逢上元，便会牵着他满宫转悠，那遍地的烟火、新奇的宫灯，把紫禁城照耀得如同白昼，令人叹为观止，流连忘返。如今正值自己登位正式起用万历年号的头一年，一元伊始，万象更新，自己何不也趁机热闹一番，轻松轻松？

想到这里，他不觉心荡神摇，手握朱笔，字斟句酌，拟出一道手谕，要宫中精心布置，广扎彩灯，庆贺新元，并要为李太后整修行宫，以表节日不忘思孝之意，如此等等。写完，他反复看了几遍，自觉非常满意，自登基以来他第一次发号施令，感到很兴奋，不觉手舞足蹈起来。他叫随侍太监将自己的手谕立即送交文渊阁。

不到半个时辰，只见张居正匆匆赶来。一见面，就问万历帝："刚才的手谕真是陛下之意吗？"

万历见张居正面色严肃，吃了一惊，不知自己办错了什么事，讷讷答道："是……是朕本意。先生以为有何不妥吗？"

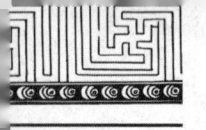

"陛下有所不知。本朝自嘉靖、隆庆以来，国库日见亏空，每岁收入仅250万两，而支出却高达400万两，如此入不敷出，足见国体衰微，生机凋敝，当全力开源节流，以图振兴朝政。陛下应力戒浮华虚荣，厉行廉洁俭省，以做全国之表率。"

万历被张居正一番话说得无话可答，他意识到手谕必定是下不成了，心里有些不舒服。可张居正是首辅大人，又是自己的老师，那道理讲得有根有据，天衣无缝，不舒服也得听，于是他忙说："就以先生所言，朕即刻收回成命。"

"若得如此，实乃社稷苍生之福。"张居正有些感动，他从内心暗暗叹道：真是个明事理，晓大义的幼皇啊！

转眼暑天渐过，已是鹅黄蟹肥了。

万历勤学苦读，手不释卷。除了一早一晚在乾清宫起居，大部分时间全消磨在文华殿中。

张居正作为老师，为了让皇帝学得快点、好点，就根据皇上的年龄特点，亲自编撰了一部《帝鉴图说》供皇上学习。这部书里写了历代皇帝的故事，分成好的和坏的，一共117件，每件事前边画一幅图画，图画后面有文字解说，就像是一部通俗的连环画，图文并茂，好读好记，小皇帝非常爱读，整天翻来翻去。

毕竟万历还是个孩子，他有时觉得太压抑了，就想偷偷地到别处去玩玩。一次，他正在四处乱转，一没留神，脑袋撞在殿中的一根大立柱上，撞得他怒从心起，提脚向那根柱子踢去，那柱子岿然不动，倒把脚撞得发麻。此时，上下一起疼，万历更加恼火，便四处寻找东西，巴不得猛摔一阵万解心头之恨。猛抬头，忽见母亲慈圣太后手书巨幅匾额,高悬头上,"学二帝三王治天下大理大法"十二个大字虎视眈眈地盯着他,万历不禁打一寒战,意识到自己的身份,顿收了出去游玩的非分之想,又在那儿欣赏起柱子上的对联来。

  四海升平,翠幄雍容探六籍；
  万几清暇,瑶编披览惜三余。
  纵横图史,发天经地纬之藏；
  俯仰古今,朝日就月将之益。

这些对联均出自张居正之手,万历看来似懂非懂,他只晓那无非都是劝他好好读书,时时警醒,做个贤明君主,以给祖宗争光,青史垂名。至于如何贤明,怎样才算得贤明,他却昏昏然,大概就是要听张先生和母后的话吧。想到这儿,万历赶紧回到房内去,继续学习起来。

一天,明神宗万历要练习写大字,张居正把明太祖的《太宝箴》拿给他说:"你就写这个吧!你不仅要写好,而且还要会背诵,会讲解。"

万历像个小学生,认真地写着、念着、背诵着,面对墙壁一句一句讲解着。张居正看了满意地点了点头。

张居正作为皇帝的大臣,是俯首帖耳、极力维护幼主的。可作为皇上的老师,他从来都是非常严厉的,该批评的该指正的从不手下留情,他一心只想着把皇上教育成一个好皇上。

在张居正的谆谆教导下,万历一天天长大,一天天成熟起来,他已明白了不少为人处世的道理和治理天下的策略。

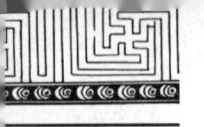

为了检验万历帝学习的成绩，张居正给他讲了一个宋仁宗不爱珠宝玉器的故事。故事讲完了，他说："自古以来，那些只看重珠宝的君主，却不可能干出大事来。"

万历帝马上接着说："珠宝是没有用处的东西，贤臣良将才是真正的宝贝。"

张居正一听，露出几分喜色，连忙夸奖说："陛下说得很对。凡是圣明的君主，重视五谷，而对珠玉看得很淡薄。因为五谷能养人，珠玉呢，饿了不能当饭吃，冷了不能当衣穿。"

"先生说得有理。"万历帝说，"宫里的人都喜欢珠玉，可每年的赏赐，我都很节省，不轻易拿珠玉赏人。"

"陛下这样圣明，真是大明朝的福气，也是黎民百姓的福气。"张居正高兴地称赞着，他想："皇上已经可以担当起治理国家的重任了，他总算没有辜负先帝的嘱托。"

巩固边防

耳闻目睹了"庚戌之变"的张居正，对国家的安全和军队的素质极为担心，他从那时起就在谋划着对边防的整顿，发誓一定要使边关安定，人民和睦，尤其是汉族和少数民族的关系问题，更是张居正所关心的问题。

早在隆庆元年（1567年），张居正入内阁参政时，蒙古鞑靼首领俺答率军直逼山西中部，北京危在旦夕，尽管后来敌兵在大肆掠夺之后引兵北退，但皇上和大臣均意识到必须彻底整顿软弱无力的边防。当时任内阁首辅的徐阶，工科给事中吴时来上疏推荐谭纶、戚继光驻兵于蓟州，加强北部边防。这一建议马上得到首辅徐阶的支持，但由于新任兵部尚书霍冀对情况并不熟悉，而张居正与吴时来、谭纶、戚继光又都是徐阶所重用的人。这样，在内阁中主持整顿蓟、辽，巩固边防的重任就落到了张居正身上。张居正从整顿边防入手，才正式开始了他酝酿已久的改革事业。

张居正大胆地任用了一批智勇双全的将领，对他们"委任责成""信而任之"。因此，"一时才臣，无不乐为之用，用必尽其才"。他所重用的谭纶、戚继光、李成梁、王崇古、方逢时等人，都大显身手，充分发挥了他们的才华和智慧。

当时，北边战守的重心在蓟州。御倭名将谭纶、戚继光主持蓟州防务后，张居正给予大力支持。谭纶提议造筑敌台，张居正立即答复："昨议增筑敌台，实设险守要之长策，本兵即拟：复行。"谭纶遂与戚继光"图上方略，筑敌台三千，起居庸至山海，控守要害"。

想当初，建立过赫赫战功的抗倭名将戚继光，奉调从浙江北上蓟州，总理蓟州、昌平和保定三镇的防务，担负起守卫京师大门的重任。他从内心感激朝廷的信任，怀抱着战死疆场的烈烈壮志走马上任了。然而，等待他的却是一片令人揪心的景象：但见烽火台犹如土堆一般，军士中老弱病残，衣衫褴褛。兵器更是刀卷口、枪折尖、弓失箭。更头疼的是那些多如牛毛的文官们，既

不懂带兵打仗又不谙兵法韬略，却总爱对武将们指手画脚，乱出主意。这一切，使他不由连连长叹："如此景象，焉能御敌？简直是儿戏！"

幸运的是，他上任后强烈要求改革蓟州军备的想法，得到了内阁大学士张居正的赏识和支持。他暗暗庆幸遇上了这么一位可亲可敬的知音。无论他有何计划，只要一封信写到张居正那儿，很快便有答复。还有什么比受人理解和支持更幸运的呢？戚继光在短短的几年里，整编防区，训练新军，一切均按他的计划有条不紊地进行着，使他的军事才能再次得到充分的发挥。戚继光以对倭作战的浙江兵士为骨干，根据蓟州的地理条件和同蒙古骑兵作战的特点，从实战出发，构筑工事，加强军事训练。

天高气爽，晴空万里。蜿蜒起伏的城墙上，雉堞高耸，旌旗飘扬，昔日又低又薄的、形同摆设的旧边墙已焕然一新；每隔百步新筑的敌楼，高出城墙丈余，如同一个个雄壮的哨兵，昂首挺立。戚继光豪情满怀、仗剑挺胸地站在山顶，欣赏着自己的防御工事，眼前幻化出一幕幕战斗场面：狼烟滚滚，刀枪猎猎。敌寇如潮水般汹涌而来，却在这固若金汤的防线面前一触即溃……

不久前，张居正又给戚继光送来亲笔信，告诉他朝廷将派人来检验他练兵的成果。信中特别叮嘱他须妥善安排，说这是幼皇登基后首次派官员出巡，既可向幼皇表忠，亦可令朝野不明之士开开眼界，总之是一次绝好的机会。戚继光十分明白张居正的良苦用心，他自然不能辜负这位新任首辅多年来对他的信任和支持。经过几天的冥思苦索，一个以组织一场军事演习的办法来展示他治军成果的计划终于形成了，他要让张居正放心，让皇上满意。

戚继光就这样常备不懈，励精图治，在他镇守蓟州十六年间，这里一直相安无事，边界太平。在整顿边防的过程中，张居正与戚继光私人之间也结下了深厚的友谊。

在辽东方面，张居正任用出身贫寒，但有大将之才的李成梁镇守。从隆庆元年起，李成梁在辽东屡败蒙古土蛮入犯，其后被提为总兵镇守辽东。李成梁镇守辽东二十二年，先后十次连奏大捷，其武功之盛，是数百年来未曾有过的。

万历三年，辽东朵颜的长董狐狸屡次挑衅，朝廷大臣一片恐慌。这个仗是打还是不打？众说纷纭，莫衷一是。张居正经过再三权衡，果断地提出此仗非打不可。他认为辽东的那些土蛮向来骄横，他们又想通贡，又不愿称臣，对他们绝不能手软，须以威当先，在威上才可谈恩。况今日辽东远非昔日可比，总兵李成梁骁勇善战，且有戚继光从侧翼钳制。若长董狐狸果真来犯，正可趁机予以重创，打下他的气焰，让他痛定思痛，乖乖就范。这对整个边防之巩固将获益匪浅。他立刻修书，分别致函李成梁、戚继光，要他们加紧侦察巡逻，掌握详情，准备迎敌。半月之后，长董狐狸纠合数万余骑包围了辽阳城，自以为大功告成，殊不知早落入李成梁和戚继光布下的天罗地网之中。一场激战下来，长董狐狸人马死伤过半，尸横遍野，鬼哭狼嚎，长董狐狸左冲右突，惨败而逃。

辽东大捷彻底地灭了敌人的威风，使他们再也不敢进犯了，

这样一来，辽东一线太平无事，人民安居乐业，处处一派和平安宁的景象。

在宣化、大同方面，张居正任用王崇古、方逢时镇守。他们修边墙，开屯田，加紧练兵，防御力量大大加强。

在张居正的主持下，经过几年的努力，扭转了长期以来边防败坏的局面。战守力量日益增强，蒙古犯边，逐年减少。

在加强防御力量的同时，张居正积极寻求改善蒙汉关系的门路，他命令沿边将帅，要抓住一切有利时机，积极发展同蒙古少数民族的友好往来，若有一线的和平希望，就不要轻易兵戈相见，一切为广大人民的生命财产及生活安宁着想。宣、大总督王崇古屡次派遣同蒙古少数民族有关系的人，深入蒙古内部，发表文告并宣布：番汉军民凡由蒙古投奔汉族地区者，一律以礼相待，接纳安置。这些在蒙古少数民族地区果然引起很大反响，投奔人口越来越多。隆庆四年（1570年），鞑靼土默特部落的汗王俺答、俺答的儿子黄允吉、孙子把汉那吉三代人共同争夺美貌漂亮的女子三娘子。后来，那三娘子被俺答一人独占，其孙子把汉那吉妒火中烧，一怒之下奔赴大同，叩关投降。宣、大总督王崇古和大同巡抚方逢时一面款待把汉那吉，一面上书朝廷，要求借此封贡通市。要不要接纳把汉那吉，在朝廷里出现了严重分歧。张居正主张接纳，认为接纳了把汉那吉是改善蒙汉关系，发展同俺答友好往来的绝好契机。而很多大臣则反对接纳把汉那吉，认为那样必将招来大祸。也有人主张干脆杀掉把汉那吉，以绝后患。在朝廷上下议论纷纷、莫衷一是的情况下，张居正力挽狂澜，一面火速派人嘱咐王崇古说，接纳把汉那吉一事，事关重大，一定要慎重行事，切勿简单处置，坐失良机。同时，张居正又将此事原委以及应采取的对策，报告了皇上，终于使隆庆帝下决心接纳把汉那吉。

接纳把汉那吉后，俺答果然亲率重兵前来索要，致使朝野震动，许多人都惶惶不可终日。不仅原先反对接纳把汉那吉的人认为这下可引来了祸患，就是一般人也都认为捅下了大乱子。这时，张居正一面要王崇古坚持初议，审定计谋，勿为众言左右；一面又给王崇古出主意、想办法，要他开展攻心战术。按照张居正的部署，王崇古立即派遣鲍崇德为使臣出使俺答军中，告诉俺答说他的孙子把汉那吉生活得很好，明朝待他甚厚。接着又说明，把汉那吉不是我们引诱来的，而是他本人仰慕中原文化自动投奔来的。我们对把汉那吉以礼相待，俺答反而兴师问罪，岂非恩将仇报！如若迫使双方开战，则把汉那吉的生死难以预测。俺答听了觉得言之成理，复派使臣至大同。王崇古让把汉那吉穿上红袍玉带与俺答使臣会晤。随后，王崇古又以明朝皇帝的名义表示，愿礼送把汉那吉返回蒙古，把汉那吉十分感动，遂与王崇古洒泪告别。俺答见到其孙把汉那吉在明军的护卫下安全归来后，欣喜若狂，立即决定退兵，并上表称谢，表示今后永不犯边。从此，明朝与俺答终于结束了长期以来的对峙状态和战争局面。

在蒙汉关系改善的基础上，张居正积极主张对俺答实行"封贡通市"，即朝廷封俺答以一定的官爵，定期朝贡、互市，和睦相处。

把汉那吉返回蒙古少数民族地区后，俺答再次请求"封贡通市"。按照张居正的主张，宣、大总督王崇古正式向朝廷建议，对俺答宜实行"封贡通市"，发展友好往来。兵部尚书郭乾以先皇圣训为依据，坚决反对，甚至有人攻击王崇古与俺答有密议，有人说王崇古害怕打仗，所以主张"封贡通市"。许多人认为，讲和示弱，封贡通市，后患无穷。张居正对这种观点进行了具体的分析，指出现在是俺答乞求"封贡通市"，这与汉代的和亲、宋代之议和是完全不同的。他在给王崇古的信中说："封贡事乃制虏安边大机大略，时人以媢嫉之心，持庸众之议，计目前之害，忘久远之利，遂欲摇乱而阻坏之。国家以高爵厚禄畜养此辈，真犬马之不如也。"张居正为了支持"封贡通市"，向穆宗隆庆皇帝详细陈述了"封贡通市"的好处，并用明成祖加封蒙古和宁、太平、贤义三王的史实为依据，请求隆庆帝援例实行。在张居正的努力下，终于决定封俺答为顺义王，三娘子也被封为忠顺夫人，规定每年贡马一次，并在大同、宣化等地选定十余处开设互市。俺答的夫人三娘子由于发自内心地仰慕中原文化，愿做治世巾帼，在此后的岁月里，尽意协助俺答共守边界安宁，压制那些尚武之徒的烈性。由此深得蒙汉两族人士的尊重。每逢她生日之际，宣、大总督和大同巡抚都邀她欢宴，以示祝贺。这样一来，双边关系日益密切和好，蒙汉人民如同一家，共享太平盛世。

"封贡通市"的实行有力地促进了蒙汉两族社会经济的发展。蒙古的金银、马匹、牲畜、皮裘、木料等物，源源不断地流入内地。中原地区先进的生产技术、生产工具、种子等，亦在蒙古地区广泛传播开来，使大片荒野变为良田。开矿、冶炼以及各种手工业技术，都迅速发展起来。

张居正通过重用英勇善战的将帅，整顿边防，加强战守，改变了正统以来边防日益废弛的局面；通过重用足智多谋的边帅，改善蒙汉关系，改变了自明朝开国以来一直与蒙古少数民族所处的敌对关系和战争状态，发展了两族之间的友好往来，促进了我国多民族统一国家的形成和发展。如果说，洪武和永乐年间，是用以攻为守的策略保证了北部边防稳固的话，那么，自张居正改善蒙汉关系以后，则是以和睦修好保证了北部边界的安定。这是完全符合历史发展趋势和各族人民共同愿望的。张居正整顿边防，改善蒙汉关系的重大改革，是以其丰硕的胜利果实，载入史册的。

创考吏法

张居正出任内阁首辅后，针对朝中空议盛行、不务实事、人浮于事、政令不通的现状很是担忧。他曾和内阁次辅、大学士吕调阳对此做过多次讨论，慷慨激昂，痛陈时弊，激奋之情溢于言表。他下决心要彻底改革吏治，为他的一系列改革铺平道路。因为他现在纵有许多想法，都是无法施行的。自己的主张要靠外廷这些部、科、院的大小官员去办，可相识满天下，知心有几人？

如何才能把这群各自为政、一盘散沙似的"散兵游勇"捏合成一支令行禁止、进退自如的精锐之师呢？他心里一直在默默地思考着。

谁知，一班大臣竟在一起高谈阔论，说是他们原以为张居正在朝，当行帝王之道，现在看其一番言行，不过是富国强兵，仅此而已，未免令人失望……

张居正听到后，心里很不是滋味。他对大臣们的不相知，委实感到愤懑。想自己当国后，也议了几回政，可才涉及富强二字，就有人斥为"霸术"，非"王道之政"，真令人啼笑皆非。孔子论政，开口便说"足食""足兵"；周公立政，也何尝不欲国之富强？难道为官当政明明吃着俸禄却不问五谷杂粮从哪里来，只需满口说得一番仁义道德，国家就繁荣昌盛了吗？

吕调阳很同情张居正，见他心情不好，便柔声相劝道："首辅做事一向光明磊落，一心为公，些许小人之见，有何惧哉？"

张居正摇摇头说："不然。我所顾虑的是此类人不是太少，而是太多。就因为朝廷官员力量不集中，自嘉靖、隆庆以来，多少才智，全用来补东耗西，左遮右挡，遂使事无所成，相互抵消。久而久之，真才实能之士不能得进，刁钻逢迎之人却稳如泰山。更有甚者，主钱谷者，不对出纳之数；司刑名者，未谙律例之文……以此如何侈谈治国安邦？想人臣受国厚恩，坐享利禄，务要强根本，振纪纲，同心效国，怎能不思恩图报，尽在那里效臭腐老儒之余谈，兴无谓争斗之陋习呢？"

这样一针见血、痛快淋漓的政论，吕调阳还很少听到过，不由得肃然起敬,感到张居正确是个了不起的干才。吕调阳心中暗暗激起了一股热流,想与张居正协力做几件名垂青史的事情,他略一思索,向张居正建议道:"不如由首辅大人您创议,会商诸大臣,草拟法令,奏请御批后,诏告天下,凡不务实事,空发虚论的游谈之士,皆不得提迁,务使勤勉卓著的贤明人士为国尽才。"

张居正轻叹一口气。他心里明白,吕调阳是只见其然,未见其所以然。法令也好,章程也好,一切的一切,只是纸笔的浪费。纸从北京南纸店里出来,送进衙门,经百官之手办过之后,又出衙门,转悠一大圈,进另一衙门归档,从此便销声匿迹,不见天日。即使再拟一百个法令,又有何用?他心里清楚得很,个中症结不在这里,而是他早在几年前在《陈六事疏》中就指出过的,必须综核名实。在其职,做了什么事,名实相符,就能赏罚得当……张居正指了指公案上堆放着的厚厚一叠《大明会典》,劝慰地说道:"足下有所不知,本朝法令、典章已经够用,毋庸多立。盖天下之事,不难于立法,而难于法之必行;不难于听言,而难于言之必效。若询事不考其终,兴事不加审查,上无综核之明,人有苟且之念,虽使尧舜为君,亦恐难有所建树!"

吕调阳听后恍然大悟,大有"与君一席话,胜读十年书"之感,连连点头称是,说:"首辅所言切中要害,使我茅塞顿开。法之不行,实为人不力也。不议人而议法,无异于隔靴搔痒,不着边际。不知首辅对此有何良策?"

"这个嘛——"张居正沉吟片刻,笑笑说,"今晚正逢十五,

明月当空，请足下往吏部杨大人处去一趟，相约到敝舍小聚，一同商议如何？"

"如此甚好。"吕调阳答应道。

晚上，皓月当空，一片清辉。吕调阳和吏部尚书杨博一同来到张居正寓所，三人品茗赏月，共商国是。

张居正取出一份文稿对他二人说："今日请二位来，是想同商要事。此乃准备奏请对各衙门随时考试的拟稿，务请二位仔细品评，不吝赐教。"

吕调阳和杨博二人借着烛光，从头仔细看来，只见那奏疏文稿上写着：臣等窃见近年来，奏事繁多，各衙门题覆，殆无虚日。然奏事虽勤，实效甚微。言官议立一法，朝廷曰"可"，置邮而传之四方，则言官之责完矣，不必去问其法果便否；部臣议除一弊，朝廷曰"可"，置邮而传之四方，则部臣之责完矣，不必去问其弊果除否。某罪当提问，或碍于请托之私，概从延缓；某事当议处，或牵于可否之说，难于报闻。如此从政，指望有所作为，岂不难哉？臣居正于先帝时，曾上《陈六事疏》，对此早有专议。特请自会伊始，凡六部都察院，遇各章奏，俱先酌量远近，事情缓急，立定程期，置文簿存照，每月终注销，其有转行复勘，提问议处，催督查核等项。另造文册二本，一送科注销；一送内阁查考。每于上下半年缴本，类查簿内事件，有无违限未销。若各巡抚、巡按官，奏行事理，有拖延迟缓者，由该部纠之。各部、院注销文册，有容隐欺蔽者，由臣等纠之。六科缴本具奏，有容隐欺蔽者，由臣等纠之。如此，月有考，岁有稽，不惟使声必中实，事可责成……

二人看完，抬起头来。吕调阳早已按捺不住，拍手大叫道："一矢中的，妙不可言，观后如同喝了一杯陈年老酒，可谓通体酣畅！"

杨博也对张居正投去佩服的目光："首辅此议想是由来已久吧？"

"先帝尚在就有想法了，日日所思，几回夜不成寐。"张居正见他二人非常满意，心里充满感激和兴奋之情。

是啊，张居正为了他的这个创成法可以说是费尽了心血。

早在隆庆六年十二月，张居正就奏请纂修世宗、穆宗两朝实录。他在奏疏中指出，世宗实录从隆庆元年起开馆纂修，历时六年未能完成，其原因就在于没有"专任而责成之故"。他提出："事必专任，乃可以图成；工必立程，而后能责效。"据此，他责成申时行、王锡爵专管《世宗实录》纂修，张溶专管《穆宗实录》，并要他们定出逐月进度、完成期限、岗位责任、检查办法、考核制度等。由于要求具体，职责分明，考核严格，奖勤罚怠，两部实录均按期完成。这是张居正考成法的最初运用。在纂修实录过程中，张居正深深感到立限考成是行之有效的方法，治理国家也是这样。

万历元年（1573年）十一月，张居正上疏请行考试法，神宗批准了他的请求。

对官吏政绩进行考核，是明代早已流行的制度。按明制，京官每六年考察一次，叫作"京察"，地方官每三年考察一次，叫

作"大计"。但是在吏治败坏，法令不行的条件下，这些制度或者流于形式，或者成为官员们争权夺利的工具。张居正目睹了官场中的丑剧和官吏们的不法行为，深刻认识到不仅要对各级官吏进行定期考察，而且对其所办的每一件事都要规定完成期限，进行考成。即所谓"立限考事""以事责人"。这是张居正考成法的一个显著特点。

张居正考成法的具体内容，正如他给皇上的奏疏中所讲的，最主要的有以下两条：第一，六部和都察院把所属官员应办的事情规定完成期限，并分别登记在三个账簿上，一本由部、院留作底册，一本送六科，一本呈内阁。第二，六部和都察院按照账簿登记，对所属官员承办的每件事情，逐月进行检查，完成一件，注销一件，如若没有按期完成，必须如实申报，否则以违罪论处；六科亦根据账簿登记，稽查六部的执行情况，每半年上报一次，并对违限事例进行议处；内阁同样亦根据账簿登记，对六科的稽查工作进行检查。这样，六部和都察院检查所属官员，六科稽查六部，内阁监督六科，层层检查，内阁总其成，内阁遂成为名副其实的政治中枢，这就是张居正的统治体系，也是张居正对明代吏制的一大改革。

明代的内阁，创建于永乐初年。洪武十三年（1355年），明太祖朱元璋废除丞相制度后，丞相之权遂分归六部。这样，六部都直接对皇帝负责。明成祖即位后，为适应处理繁多的朝政的需要，任用一批品级较低的文职官员，于午门外文渊阁值班，参与机务，始有内阁之称。这时的内阁仅仅是协助皇帝处理政务的秘书厅，权力极小。直到仁宗和宣宗时期（1425—1435年），内阁的权力才逐渐大起来。内阁的第一把手即首辅大学士，叫内阁首辅，相当于丞相。但由内阁和内阁首辅直接控制从中央到地方各级官吏的制度，则是张居正改革的成果。

六科是明初设置的政治机构。明代的国家政务分属吏、户、礼、兵、刑、工六部，各部均设尚书、左右侍郎。明初于六部之外，又设置了吏、户、礼、兵、刑、工六科，各科均设有都给事中、左右给事中、给事中等官。六科对六部有封驳、纠劾之权，是六部的监察机关。张居正用六科控制六部，这是明代的"祖宗成宪"，但用内阁来控制六科，则是他的创举和变革。张居正的统治体系，正是在这个变革的基础上确立起来的，他之所以能够令行禁止，成为历史上著名的"权相"，其组织保证即在于此。张居正当政期间所推行的各项改革，都是通过这个组织系统贯彻执行的。张居正加强中央集权的主张和措施，实质上就是加强内阁的统治权力，使内阁成为发号施令的指挥中心。

对久已虚弱的朝政来说，考成法的颁布实施恰如一股春风，催发了那些枯枝朽叶，文武百官，九卿科道，均为之一振，不敢有丝毫大意，均小心翼翼，唯恐有半分差池。各部、院均认真仔细地执行考成法，对未按立限完成的违限事件，稽查的处罚极为严格。如万历三年（1575年）正月，查出各省抚按官名下未完成事件共计273件，抚按诸臣54人。凤阳巡抚王宗沐、巡按张更化，广东巡按张守约，浙江巡按肖廪，都以未完成事件数量太多而被停俸3个月。万历四年（1576年），朝廷规定，地方官征赋

不足九成者，一律处罚。同年十二月，据户科给事中奏报，地方官征赋不足九成受到降级处分的官员，山东有17名，河南2名；受革职处分的，山东2名，河南9名。运用考成法来整顿赋税，迅速改变了拖欠税粮的状况，做到了民不加赋而上用足。

由于考成法赏罚分明，随事考成，因而使官员们办事的效率大大提高了，整个明朝政府自上而下如同一台流水线作业的机器，各项工作稳定而有序地进行着。

反腐倡廉

通过立限考成，使每个官员都有了明确的职守，这样管理起来自然方便多了。张居正以推行考成法为中心，决心使腐败到极点的吏治得以整顿，使腐败之风得以改变。

张居正依据立限考成的三本账，严格控制着从中央到地方的各级官员。每逢考核地方官的"大计"之年，张居正便强调，要把那些秉公办事、实心为民的官员列为上考，把那些专靠花言巧语骗取信任的官员列为下考，对于那些吃粮不管事的冗官，尽行裁革。万历八年（1580年），张居正下令撤去了苏松地区擅自添设的管粮参政，并责成吏部检查各省添设官员人数，核实上报。万历九年（1581年），一次裁革冗员169名。在他当政期间，裁革的冗员约占官吏总数的十分之三。与此同时，张居正又广泛搜罗人才，把那些拥护改革、政绩卓著的官员，提拔上来，委以重任，信而用之。万历四年（1576年）十月，万历帝审阅了关于山东昌邑知县孙凤鸣贪赃枉法的报告后，问张居正：孙凤鸣进士出身，为何这样放肆呢？张居正说："孙凤鸣正是凭借他进士出身的资历，才敢这样放肆，以后我们用人，应当视其才干，不必问其资历。"皇帝赞同了他的意见。这样，张居正以圣旨做依据，彻底打破了论资排辈的传统偏见，不拘出身和资历，大胆起用人才。他主张用人时要"论其才，考其素"，即对才能和品德进行全面考察。同时，他又注意到每个人的长处和短处，用其所长，避其所短，被他选中的文武官员都在改革中发挥了骨干作用。

对于因工作政绩而被赏罚的官员，无论是升迁或是被革职，他们都是心服口服的，因为有考成法在，立限考成，一目了然。可是对于朝廷上下滥用职权、以权谋私、行贿受贿等问题，却很难判断是非，尤其是难以公平处理。有些官员大量侵吞国家财产，欺压百姓，但因政绩突出，甚至还会被升迁。

面对此种现象，张居正觉得有必要针对具体问题，制订出行之有效的办法，彻底打击这股腐败风。

正在张居正着手制定新法规的时候，忽然接到了吕调阳送来的奏本。张居正一看，原来山东布政司报告孔圣人后代"衍圣公"每借进京相觑之名，沿途骚扰各路驿站，苛派强索，百端生事，且夹带走私，交通沿线深以为苦，提请朝廷务必出一万全之策予以制止。

张居正看后，面色阴沉，坐立不安。这件事非常紧急，却又非常棘手，这也正是他近日在反复思考的问题。这件事的处理，

有关国家体制，弄得不好就要伤筋动骨。此事看起来似是圣人之后德行不佳，实则牵扯驿递制度久成因循，给不法之徒以可乘之机，必从根本上治理才行。

吕调阳得知张居正的心思后，忙说："我查过《太祖实录》，有关驿递的规定异常严密，非有军国大事没有使用的权利，即使公、侯、驸马、都督奉命出行，也只准随带从人一名。《实录》还记载吉安侯陆仲亨从陕西回京，擅行使用驿站车马，被太祖知道后，痛责他不念民间疾苦，胡作非为哩！"

"对！此典故我也多次与圣上提到过！"张居正没料到吕调阳倒预先有过一番深思熟虑，不觉拍手叫好。"可是，毕竟已经时过境迁啦！"张居正又忧愁起来。

是啊，太祖时代毕竟早已过去了。当年，够资格使用驿站的标准只有六条，而现在呢，竟已扩充到五十条之多，且条条都有勘合（类似今天的护照、签证），京师勘合由兵部发出，其余由各地巡抚和巡按发出，发只管发，从无缴还期限，一张勘合，几成终生之用，更可转赠他人，以作人情。如此一来，驿递各线深受其害，领用勘合之人到得驿站，如同拿了尚方宝剑，百般索取，全都无偿征用，尽入私囊……所有这些，张居正早就了然于心，只是未想出什么好办法来。

吕调阳见张居正愁眉紧锁，以为他顾虑太多，有些急不可耐，说道："这送上门的机会不利用，首辅更待何时？"

张居正不由得一怔，他望着吕调阳一副跃跃欲试的样子，不觉为他日渐进取的气概而暗暗吃惊："足下之意莫非是要我拿衍圣公来开刀？"

"一不做，二不休，此举定能震慑四方！"吕调阳信心十足。张居正满意地点点头。

张居正低头认真思索了一会儿，眼睛一亮，拿定主意，便又问吕调阳："照旧例，圣人后代该是九月进京朝觐吧？"

"是的。"吕调阳点点头。

"好！我们务必赶在此之前，草拟一项驿递新规颁告天下，令各路驿站立即执行。"张居正下定决心，以驿递新规为契机，彻底整顿腐败现象。

"对对对，有考成法做后盾，驿递新规当可畅通无阻；赶在九月之前即刻颁下，又可令衍圣公之流自入瓮中。"吕调阳摇头晃脑品评一番，越品越有滋味，不禁畅怀大笑起来。

张居正经过深思熟虑，反复推敲，又参考了明太祖时的条规，终于制定出一部新的驿递新规来。

正值此时，吏部尚书杨博患病，他怕自己病难痊愈，一旦不测，不能叶落归根，又恐多扰张居正，索性写下辞呈，请求回老家山西蒲州调理。

张居正接到司礼监转来的这份辞呈，心中很是不安，急匆匆来到杨博家看望他。张居正想劝杨博留下来继续协助他改革，但看到杨博这副病态，又不忍心强劝他留下。张居正哽咽着说："居正受命于多事之秋，才疏学浅，勉为其难。幸得杨兄多方关照，且身体力行，为居正分忧解难，每思于此，实难舍杨兄……唉，这也是居正缘分太浅呐！"

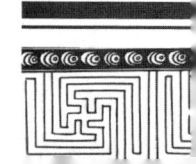

杨博费力地摆摆手："首辅言重了。博一老朽，官场一生，空负圣恩。惟晚年知遇首辅，也算做了几件有益之事，博平生足矣！还望首辅百尺竿头，更进一步，锐意进取，以图中兴大业！"

张居正感激地连连点头："杨兄所嘱，居正铭记在心。"

两人叹息了一会儿，杨博又问起驿递新规的事，张居正告诉他只待颁诏了。杨博听后，忘了自己是大病之人，执意要听听条款细目。张居正无奈，只好细细陈述一番。其内容大致是：凡官员人等非奉公差，不许借行勘合；非系军务，不许擅用金鼓旗号，虽系公差人员，若轿扛夫马超出本数者，不问是何衙门，俱不许差派。凡经过官员有勘合者，除本官额编门皂量行带用仆，不许分外又在里甲派取长行夫马。凡经持勘合自京往外省者，由兵部给内勘合。其中仍须回京者，回京之日缴还勘合；无须回京者，即将该勘合缴所到省分抚、按衙门，年终一并缴回兵部。自外省入京者由抚、按衙门给外勘合，至京之后，一并缴部。凡内外各官丁忧、起复、给由、升转、改调、到任等项，俱不给勘合，不许驰驿……

当张居正陈述到"凡内外各官"这一条时，猛想起杨博即刻要致仕回故里，正应着不能给驿的禁令，不觉有些窘迫，便止住不往下说了。杨博情知有故，偏不住地催他，张居正只得吞吞吐吐继续念完。杨博仔细听完了，微微颔首称善说："很好。想驿弊一除，不惟使弄权之人收性，更可解百姓之苦也！"他顿了顿，长长吁了一口气，转而面带笑容，不无高兴地说："此一来，博有幸能成为第一个执行新规的人了。"

张居正忙说:"不,不,杨兄可另作他论……"

杨博很坚决地摇了摇头说:"首辅不必再劝,博早已做安排,三天前家人即已雇好牛车,只待请行了。"

"那如何使得?杨兄病体,怎经得牛车长行颠沛?再说,新规尚未颁下,杨兄完全可以暂循旧例呀!"

杨博仍旧摇摇头说:"新规虽未颁布,可满朝谁不知首辅正整治驿递?不能正己,焉能正人?值此紧要关头,我不能让首辅为难,就让我效最后一次力吧!"

张居正非常感动,他紧紧地握住杨博的手,再也说不出什么来了,他胸中奔涌着一阵阵激情。多好的大臣啊!如朝中官员均如杨大人这般,何愁腐败不除,何愁国家不兴?

从杨府出来后,张居正更加坚定了他改革驿递的决心,他要立刻请求皇上下诏施行。

驿递新规颁发后,混乱不堪的驿站得到大大改观,许多人立刻收敛了自己的行为,不敢再滥用职权,违法强索驿站财物了。但是有些官员却不以为然,依然我行我素,滥用驿站车马,万历五年(1577年)正月,张居正开始对违制使用驿站的官员进行严惩,处罚了不少违纪官员。据《明实录》和《国榷》记载,万历八年(1580年)五至十二月8个月中,违制使用驿站受处罚者达30人之多。其中革职者7人,降6级者11人,降3级者8人,降1级者3人,降职者1人。张居正的弟弟张居敬,由京回乡,保定巡抚主动发给勘合使用驿站,张居正得知后,除令其弟交回勘合外,又对保定巡抚进行了严厉批评。

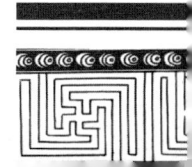

这样，经过张居正整顿，改变了长期以来无法改变的滥发勘合、滥用驿站的混乱状态。既保证了军国要务的畅通，又节省了大量开支。

在整顿吏治过程中，张居正针对法纪废弛，君令无威的状况，把执法与尊君联系起来，以伸张法纪为中心进行整顿。辽王朱宪原是他的少年朋友，朱宪长大后在江陵一带横行不法，民愤极大，地方官无人敢过问。朝廷派人去调查，由于他百般阻挠，公开抗拒，致使调查人员不敢如实报告他的不法行为。张居正得知后，毅然亲自抓这个案子，他秉公执法，不徇私情，毫不心慈手软，将朱宪废为庶人，终于为江陵除了一霸。当时，权势极大的太监冯保的侄子冯邦宁，也凭借其叔父的权势，狐假虎威，横行不法，鱼肉乡里，醉打衙门官吏，严重触犯刑律。张居正一面派人向冯保说明情况，一面将冯邦宁杖打四十，革职待罪。由于他雷厉风行地伸张法纪，有力地抑制了各种违法犯罪活动，保证了朝廷的安定团结，官员的清正廉洁，人民群众也能安居乐业，过着和平安宁的生活。

改革税制

张居正的改革，是先由军事、政治着手，逐渐向经济方面推广。

明中叶以来，随着土地兼并的发展和吏治的腐败，豪强地主与衙门吏胥相勾结，大量隐瞒土地，逃避税粮，无名征求，多如牛毛，致使民力殚竭，不得安生。私家日富，公室日贫，到了革弊整治的时候了。

大学士张四维和吕调阳纷纷向张居正提出建议，要求立即改革赋役，兴利除弊，并推荐了"一条鞭法"。

所谓一条鞭法，早在嘉靖年间就由部分有识之士在福建、江西等地开始实行了。最初由福建巡抚庞尚鹏提出。他主张把国赋、徭役及其他名目繁多的杂税、杂征、杂差统统合为一体，按照各家各户的具体境况重新核实编定，将有丁无粮的编为下户，有丁有粮的编为中户，粮多丁少和丁粮俱多的编为上户。在总数确定后，按照丁、粮比例，将所有赋役派到丁、粮里面，随同完纳。此即"一条鞭法"。但是，自那时起到现在50年来，朝中对此争论不休，各陈利弊，以致政令屡行屡止，从来未成统一之策。

对"一条鞭法"，张居正不是发明者。但他清楚地看到此法于小民有利，且能稳妥地确保国库收入。在他入阁之后，也曾几次支持过福建、江西一带的推行。但这一条鞭法是否就是改革赋役的最好办法呢？对此，他一则未考虑成熟，二则户部又无得力之人。他一向认为事在人为，再好的措施办法，没人去执行，亦是空话。就在前不久，他看到户部奏请万历下诏，要追征田赋积欠，每年带征三成。尽管他知道此法有些不妥，但想到一些殷实之户，确有爱拖欠赋税的顽习，拖久了也就不了了之，倒是穷家小户势单力薄，不敢违命。久拖久欠，不光国库收入不稳，且也

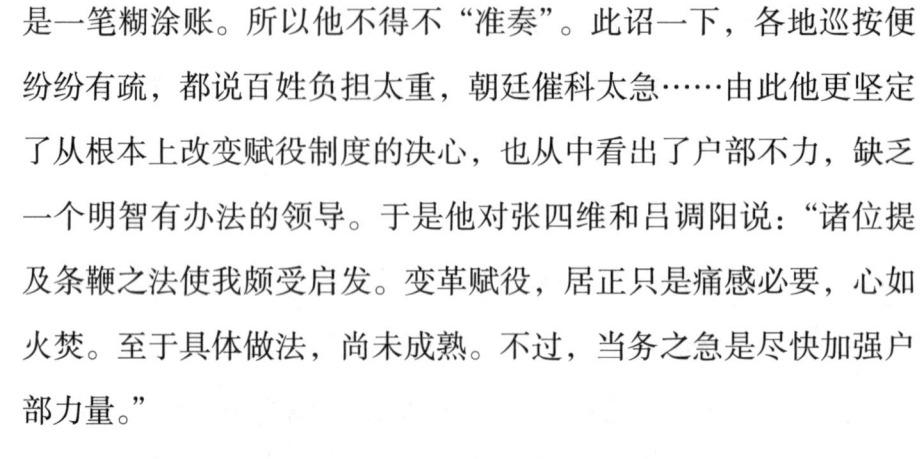

是一笔糊涂账。所以他不得不"准奏"。此诏一下，各地巡按便纷纷有疏，都说百姓负担太重，朝廷催科太急……由此他更坚定了从根本上改变赋役制度的决心，也从中看出了户部不力，缺乏一个明智有办法的领导。于是他对张四维和吕调阳说："诸位提及条鞭之法使我颇受启发。变革赋役，居正只是痛感必要，心如火焚。至于具体做法，尚未成熟。不过，当务之急是尽快加强户部力量。"

三人如此议论一番，认为户部总管天下钱粮，干系重大，须选一持重精明且善理财的人来管理户部。议来议去，张居正觉得还是辽东巡抚张学颜比较合适。因为张学颜前不久曾上书，揭发辽东御史刘台贪污受贿，巧取豪夺，并以非法所得在家乡放贷买田，逃避赋税，鱼肉乡民。其文列论地方赋役诸多弊端，言简意赅，一针见血，是块难得的户部尚书的料子。于是张居正开始写请予任命张学颜为户部尚书的奏疏。

上任后的户部尚书张学颜马不停蹄，深入各地调查研究，掌握了许多科派如毛、万民哀号的情况，回京后一一向张居正做了汇报。他感叹道："赋役之弊，确乎到了非变不可的地步了，学颜在辽东任上，虽也曾在力所能及的范围里抑豪强，查田地，清溢额，减科派，但也只是杯水车薪，无济根本。想宛平仅一县之地，每年杂差乱征数之不尽，天下一千一百多县，又当何论？"

张居正默默地看着张学颜英姿勃发的神态，心中暗暗高兴。他庆幸选他做户部尚书实在是选对了。看他上任才十几天，便将户部情况了然于心，每日勤勉视事，且极善体察下情，必能成为自己得力的臂膀。于是他想再试试张学颜的能力如何，遂问道："目前赋役之变，当以何者为要？"

"这……"张学颜停了片刻，见张居正对自己充满信任，也不推辞，便直截了当地说："为今之计，只有诏令天下行一条鞭法！"

又是一个主张一条鞭法的。张居正暗暗喝彩，却又故意问道："条鞭之法，有极言其不便者，有极言其便者。毁誉不一，众说纷纭。但不知你是如何看法？"

张学颜慨然应答："我以为行条鞭法有四大好处。"

"哪四大好处？"

"其一，简化名目，把国赋、徭役及其他杂税杂征合为一条，下帖于民，备载一岁中应纳之数，除此再无其他科赋了；其二，公平合理，田多赋多，田少赋少，丁粮差重者派银亦重，差轻者派银亦轻，轻重均派于众，未尝独利独累于一人，使惯于欺隐规避者无所用其计，巧于营为者无所施其术；其三，扶正抑恶，将里甲办征改为官收官解，使官吏难于贿赂之门，里胥惧行索骗之计，世风一清；其四，以银代役，可使小民闭户而卧，无复追役之扰而尽力其田亩，于稼穑之计有百利无一害。"

"好！辨析明了，切中要害！"张居正竟忘情地拍案叫绝起来。那长髯被他口中气息吹扑得微微哆嗦。他顿了顿，望着张学颜，不禁感慨地说："政以人举矣！若得天下为官之人都似足下这般清醒，朝政何愁不能中兴？"

张学颜谦虚地笑了笑说："既然首辅看法一致，那我明日即

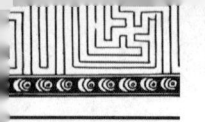

修疏奏请，尽快施行一条鞭法。"

要推行一条鞭法，首先就得将天下田亩清丈清楚，这样才好合理分配。张居正及时提出先在全国范围内丈地亩、清浮粮，并请朝中大臣就此各献良策。户部尚书张学颜首先发表意见："清丈一事，实百年旷举。首辅有此创议，乃社稷之幸。只不知首辅于此事有多大决心，是一清到底呢？还是试试而行？"

"此话怎讲？"张居正感兴趣地问。

"清丈事，在小民实被其惠，而于官宦之家，则殊多未便。据我所知，别的不说，单北京、山东、河南三处地带的田地，十之七八尽入勋戚权贵之家。一旦清丈起来，意见不同，碍于情面，摇于众论，畏首顾尾，患得患失，则良法终不可行，于社稷无补，倒徒增事端，又如之奈何？"

张学颜的一番议论深邃明达，促使在场的人进一步考虑到问题的严重性。张居正听了大为高兴，他从心底赞叹张学颜精明，几句话就说出了要害。张居正当着众大臣之面，清楚地表明了他的态度："既为大政，就得令行禁止，不得含糊。定出具体条件，一经颁告，管他权贵官豪，一并受此约束。无论如何，除钦赐公田外，但有余数，尽数报官，按条鞭之规，该纳粮纳粮，该当差当差，不在优免之列。唯此，才说得上精核，说得上一清到底。"

张居正责成户部尚书张学颜亲自主持清丈。凡庄田、民田、职田、荡地、牧地，通行丈量，限三年完成。所丈土地，除皇上赐田外，一律按地办纳粮差，不准优免。

户部随后颁布了统一的《清丈条例》，规定了各级官员的职责及其完成期限。嘉靖以来，不断有人提出的清丈天下田亩的倡议，在张居正的努力下终于付诸实施了，这是当时震撼朝野的一件大事。

由于清丈田亩触犯了官僚、贵族、豪强地主的利益，所以遭到了他们的抵制和反对，有些地方官对清丈田亩很不认真、很不得力，有的甚至公开袒护豪强，迟迟打不开清丈局面。张居正知难而进，坚定不移，他表示"只要对国家有利，不怕个人安危"。他运用考成法，严厉督查各级官员认真清丈，对阻挠清丈的宗室、豪强，严加惩治。他下令："但有执违阻挠，不分宗室、宦官、军、民，据法奏来重处。"他告诫百官，"清丈之事，实为百年旷举"，不应"草草了事"，必须"详审精核""务为一了百当"。这样清丈田亩工作终于冲破重重阻力，在全国范围内推广开来。

万历九年（1581年）九月，山东清丈完毕，增地36万余顷，吏部对有功官员进行了嘉奖；同年十二月，江西清丈完毕，增地6万余顷，巡抚、巡按等官12人受到嘉奖；同时，松江知府闰邦宁、池州知府郭四维、安庆知府叶梦雄、徽州掌印同知李好问，都因清丈田亩不得力、不认真，受到停俸戴罪管事处分。此后，各省陆续清丈完毕，有关官员都根据在清丈中的功罪，分别给予嘉奖和降处。

这次清丈达到了预期的成功。仅据北京、山东、河南统计，清出隐占田亩就达50余万顷。至清丈完毕统计，全国田亩总数

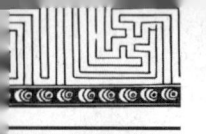

达到700多万余顷。由于扩大了摊派税粮的负担面，初步做到"粮不增加，而轻重适均"。

清丈田亩的告成为全面改革赋役制度创造了条件，户部尚书张学颜亲自起草的一条鞭法终于到了可以全面推行的时候了。万历九年（1581年），张居正下令在全国推行一条鞭法。这个一条鞭法正如张学颜所说的，有许多好处，其主要特点是：

第一，赋役合并，化繁为简。其办法是通计各省、府、州、县田赋和徭役的总量以及土贡、方物等项征派，归之一总，统一征收。

第二，差役合并、役归于地。明代的差役征派有三种：按户征派的叫作里甲，按丁征派的叫作均徭，临时征派的叫作杂泛。从征派形式来说，又有役差（即直接服役）和银差（即输银代役）的区分。一条鞭法规定，所有的徭役（包括里甲、均徭、杂泛）全部折成银两缴纳，取消了扰民极大的役差征派；一条鞭法还规定，将银差摊入地亩，按亩征收。如有的"丁六粮四"（即将银差的十分之四推入地亩征收），有的"丁四粮六"，有的"丁粮各半"等。

第三，田赋征银、官收官解。田赋征派，除漕粮交纳实物外，其余部分一概征银。规定必须缴纳实物的漕粮，亦由民收民解（即押送），改为官收官解。明初实行粮长制，以纳万石田赋为一粮区，推其纳粮最多者为粮长，负责田赋的催征、经收和解运，称为民收民解。其后弊端丛生，遂改为官收官解。

一条鞭法的推行是与张居正创行考成法，整顿吏治、抑制豪强、清丈田亩密切配合的，没有这些条件，一条鞭法就难以推行。可以说一条鞭法的推行是张居正改革的核心。张居正推行一条鞭法的直接目的是整顿赋役、克服财政危机、稳定明朝的统治，但它所产生的积极作用和重大影响，却远远超越了张居正的主观愿望。

一条鞭法将一部分户丁银摊入地亩征收，减轻户丁征派，是有利于社会经济发展的。在地主制经济高度发展的明代，土地绝大部分在地主手里，户丁绝大多数在农民一边。把户丁银转入土地摊派，也就由农民一边转移到了地主方面。当然，这种转移并没有改变剥削的实质。它只不过是由对劳动力的直接榨取转化为对地租的再分配罢了。国家加重对土地的征派，豪强地主千方百计地逃避这种征派，正是国家与地主之间瓜分地租再分配的斗争。但是，国家放松对于劳动力的直接控制，则为工商业的发展提供了方便条件。再加上一般工商业者并不占有土地或很少占有土地，从而也就摆脱了繁重的征派。一条鞭法推行以后，商业资本向土地投资的现象大大减少，即或有余资亦不置田产。一条鞭法关于赋役折银缴纳的规定，既是商品经济发展的反映，反过来又进一步促进了商品经济的发展，同时它还正式肯定了白银在赋役征收中的法定地位。所有这些，都是有助于资本主义萌芽和社会进步的。

一条鞭法从明中叶酝酿至万历年间通行全国，历时一个半世纪，几经周折，时行时停，最后定为国策，不能不归功于张居正顺应历史潮流、因势利导的努力。

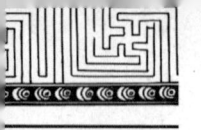

节俭财政

张居正的改革目标是富国强兵，富国强兵的基础是财政。财政的一方面，自然是增加收入。但收入的增加总是有限的，所以同步进行的，便是节省开支。

相对增加收入，节省开支在中国传统文化中更容易被接受。问题在于说着容易，执行起来却困难。处处都要花钱，你让我如何节省？

张居正就要啃这块硬骨头，而且还要先拿皇帝开刀！

其实，节流从皇帝下手，算不上张居正的创举。本来嘛，皇帝作为帝国的主人，就应该有带头示范作用。而且皇宫的开销也委实巨大。比如在隆庆二三年间，每年国家的收入为二百五十余万两银子，支出则是四百余万两，赤字达到一百多万，这是相当可怕的。那么，如何缓解财政危机呢？隆庆年间的办法有两个。一是削减国防经费，二是削减皇宫开销。

削减国防经费，会带来边疆的动荡，弄不好外敌入侵，就得不偿失了。而削减皇宫开销，相对来说害处小得多，最多皇帝苦一点嘛。

隆庆三年时候，隆庆皇帝明穆宗朱载垕向户部索要三十万两银子做开销。当时的内阁，包括李春芳、陈以勤、张居正等人，他们毫不客气，把当时的收入状况一五一十列出来，然后告诉皇帝：您瞧，这账面上还亏钱一百多万呢，哪里给您找钱啊？省省吧，啊？

朱载垕盯着账目看了看，无可奈何地说："啊，户部确实缺银两，但我内库也缺少银两，所以我才来取啊。那么，先拿十万两给我用，好不好？"

皇帝的索取硬是被减少了三分之二。那时候的内阁也是负责的。

在万历皇帝继位后，年方十岁的他，自然只能承受张居正的"虐待"了。当然，在张居正看来，这不是虐待，是教育。

比如说，万历皇帝新继位，准备安排一些翰林学士编写他爹当政时候的《穆宗实录》，按照惯例大家是有一顿开工酒宴可以吃的。正当翰林学士们摩拳擦掌准备大吃一顿时，张居正却上疏请求减免这顿赐宴。他说："现在先帝刚驾崩，国事百废待兴，我们都战战惶惶，那里有心情吃酒宴啊。再说，一顿宴席要花几百两银子，省下来也好。"

就在隆庆六年的冬天，张居正又建议万历皇帝，大年三十的晚上，可以把灯火省了，年初一也不必再设宴会。万历皇帝点头道："早吩咐停止了。我伺候圣母吃饭的时候，也都很简单，逢到节日，一般只准备一些果宴。这样一来，这个春节又节省下七百多两银子。"

万历元年十月，张居正讲历史，说到宋仁宗不爱珠饰的故事。万历皇帝确实聪明，他说："珠宝什么的最没用了，贤臣才是真宝贝呢！"

张居正大喜，对皇帝说："对呀，贤明的君主，都是重视粮食而轻贱珠玉。粮食可以活命，珠玉饥不可食，寒不可衣。"

万历皇帝也很配合地说："宫人们都喜欢珠玉，但是我在赏赐的时候，每次都尽量俭省。"

张居正道："皇上说到这一点，真是社稷苍生的福泽。"

君臣之间这段一唱一和彩排般的对话结束，显示了万历皇帝的圣明。这年内承运库太监申请拨一笔款买金珠的时候，张居正就老老实实地把这奏章给他驳回去了。

不过，万历最初的节俭，是出于乖孩子听话。随着年龄增长，对生活的质量开始挑剔起来，开销也增大了。本来宫中的花销，是每年由户部拨款一百万两。从万历六年开始，增为一百二十万两，万历七年以后，皇帝又开始得寸进尺。这时，张居正就拿出老师的姿态，向万历皇帝解释说："万历五年收入为4359400两，支出为3494200两，结余80多万两；而万历六年收入只有3559800两，支出倒有3888400两，倒亏欠了30多万两。古代的贤王，大约每三年的收入，应该可以积蓄下一年的支出，才算有储备，现在一年入不敷出，怎么得了？万一发大灾了怎么办？发生大规模战争怎么办？那时候仓库也空了，老百姓也榨取干了，国家也就危险了！所以，希望皇上把这笔账放在桌子上，没事就翻翻，自己计算一下咱们国家的经济，能省则省，一定要使得每年收入大于支出，这样国家才能运转。俗话说，常将有日思无日，莫待无时想有时。此言虽小，可以喻大。"

额外的索要被拒绝了，万历皇帝又想让户部多铸造一些钱币，来供给自己使用。张居正又出言劝谏，告诉皇帝，咱大明帝国现在是银本位，之所以要铸造钱铜币，是为了方便老百姓买卖时候当零钱用的，不是说铸造钱币供皇上您挥霍的。您之前下令铸钱，已经让民间的通货发生了混乱，要是再滥发钱币，金融秩序会被扰乱，老百姓生活也会受到影响。所以，请您收回铸造钱币的圣旨吧。要铸造，也等过几年，民间的钱币不够了您再铸造。

那么眼下的经济困难怎么办呢？张居正还是那句话，能省则省。不然，"以有限之财，供无穷之用，将来必有大可忧者"。

万历皇帝被张老师这么一顿劝说，也只好又收回了铸钱的圣旨。一次小规模的通货膨胀得以避免。

就这样，在万历的年龄和贪欲一起成长的过程中，张居正不断与他的贪欲做斗争，纠正万历皇帝的奢侈行为，保证他的俭省。在他的严厉督促下，皇室开销大为减少。比如说光禄寺（掌管皇帝膳食）的开销，在嘉靖末年，每年是十七万两银子左右，而在万历初年，减少到了十三四万。中间节省出来的差额，几乎相当于每年国家收入的百分之一了。

不仅对自己的学生万历皇帝严格，张居正对于皇太后也不放松。

万历五年五月，宫内口传圣旨说，慈庆、慈宁两宫有些陈旧了，要求拨款翻修一新。张居正认为没有必要，所以立刻就拒绝了。他说："治国之道，节用为先，而消耗钱财的事情，土木工程最大。对于土木工程，必要的，花多少钱都要修，不必要的，就一定要节约。慈庆、慈宁两个宫殿是两位皇太后的住处，要是不够气派，那根本不用等圣旨，我们做大臣的早下令翻修了。不

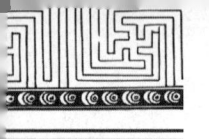

过如今这两个宫殿是万历年完成的，当时我们都曾去参观，真是金碧辉煌，巍峨华丽得很。现在才不到三年，壮丽如故，何必再翻修呢？再说，翻修就要花很多钱，很多人力。我知道皇上您有孝心，但两位太后希望皇上积福爱民，大概也不会以穷修乱建为孝吧？今天这事，省一分，则老百姓受一分好处，天下的黎民万口同声，都祝皇太后万寿无疆，这才是皇上的大孝啊！希望您将前项工程暂行停止，等几年后宫殿有所损坏，然后重修未晚。

当时万历皇帝年幼，实际权力掌握在皇太后手里，张居正知道这次修理两宫，是皇太后的意思，但是为了国家着想，他还是在皇太后面前顶了一下。皇太后和皇帝对张居正言听计从，也就把工程停止了。

慈圣太后毕竟是一个中年妇女，关心自己和儿子的健康幸福，总有些迷信思想，她经常想要搞一些宗教活动，或者做一些"功德"。万历元年，慈圣太后和皇帝说，要在豚州的胡良河、巨马河建立两座大桥。皇帝对张居正讲了，张居正说："皇上您才即位啊，应该让老百姓休养生息。修桥太费民力，又费银钱，恐怕国库拿不出来，怎么办？"

万历皇帝只好说，我母后自己出钱买材料，自己出钱募工人，不要官府出钱，也不要老百姓出力。这样张居正才同意修桥。于是慈圣太后自己拿出五万两银子的私房钱，由工部派员监工，在万历二年正月修成两座桥。

完工后，慈圣太后又要在豚州建碧霞元君庙。之后，万历二年建承恩寺、海会寺，三年修东岳庙，四年建慈寿寺，五年建万寿寺……慈圣太后做了这许多功德，张居正也很有原则：只要您花自己的钱，我不反对。

等到万历七年二月，皇帝发疹。慈圣太后很是担心，就准备请大批僧侣开坛做法，普度众生，以便用这些"功德"保佑皇上早日痊愈。张居正随即上疏说："开坛是祖宗法典禁止的，怎么能再开端？皇上有病，在郊庙、社稷祈祷就是，这样名正言顺，神仙也会保佑，何必再开戒坛？"于是戒坛也停止了。到三月初，万历皇帝的病体也就大愈了。

万历八九年间，慈圣太后又在五台山建大宝塔寺，并且不断地搞施舍。张居正还劝告："您与其拿这些钱来修庙，不如拿来赈济灾民，这样的功德，难道不是更大吗？"

张居正对皇室费用的节省，简直到了见缝插针的地步。万历九年四月十八日，张居正向皇帝报告华东地区遭遇灾害，难民蜂起的现状，并建议赈济灾民，严惩那些刻毒百姓的贪官污吏。万历皇帝同意了。

张居正顺势进言说，今年水旱灾害频繁，估计财政收入会大受影响，所以希望皇上"量入为出"，再厉行节约，宫中的一切用度及衣服、车马之类，可减者减之，可裁者裁之。

万历皇帝说好吧，今年宫中的用度都节省点，就连逢年过节的赏赐也只照常例，不再有额外增加。

张居正说："皇上您所谓的'常例'，其实也是近年相沿的，并不是祖宗的旧例。实际上以前的皇帝都是更节约的。"言下之意，您还得更省。

就这样，张居正硬着头皮，一点一点从皇帝的牙缝里抠下白花花的银子，省出来用在边防建设，兴修水利，或者其他方面。

除了从皇帝皇太后那里"抢钱"，张居正还想尽一切办法节约政府开支。其中影响最大的，要数对驿站的整顿。

明代从北京到各省的交通干线，沿途都有驿站。驿站就是官办的招待所，供往来的公务人员休息以及获得交通工具。驿站有政府派的主管官吏，还有从民间征集的马、驴、夫役、牲口的草料等，也都是民间征集来的。

这种政府设施，既是庞大帝国维持中央和地方关系必要的制度，同时也意味着对老百姓的掠夺。最初驿站的夫役还能够免除纳粮，从嘉靖二十七年后，这点特权也给取消了。

正因为驿站给老百姓带来的负担这么大，所以在明太祖时代，关于使用驿站的规定非常严密，只有军国大事才能用驿站，而且即使是达官贵人、将军都督，也最多只许带一个随从。这样，老百姓的负担还算有限。

但是随着朱元璋死去，对驿站的使用限制越来越宽松。首先允许使用驿站的条例，从太祖时代的六条增加到嘉靖三十七年的五十一条。各部门在发布驿站通行证（勘合）的时候又非常大方，而且领用通行证的人也没有缴还的限期，甚至还可以转送他人。

这样一来，驿站附近的老百姓就算是掉进了地狱。长年累月，都有大群手持通行证的官吏或者官吏亲友，蝗虫般来到驿站，百般勒索，粮食、柴炭、酒席、蔬菜、民夫、牲口……有时被征用的民夫愿意缴纳一些银钱，换取免除勒索。这个恶例一开，部分官员更开始了等同绑票勒索的罪恶勾当。驿站的工作人员和地方政府一方面拿着国家的财产去接待过往的官僚，为自己拉关系寻求好处，另一方面则对附近的民众百般征索。国家财产和老百姓的生活都被糟蹋着。

目睹这一切，张居正再也无法容忍。万历三年，他提出整顿驿站的计划，简单来说分为三条。

首先，是对使用驿站的人员做严格的限定，不但对于什么人、什么事才能用驿站，做限定而且人数也有规定。不在规定接待范围的，不许去驿站投宿，驿站也不许接待。凡是违反的，一律严肃处理；知情瞒报的，检察部门也要一体治罪。

其次，是规定驿站提供的食宿用品，仅限于粮食、蔬菜、柴火、蜡烛，不许再有额外的东西，否则，索取的和提供的都要治罪。

其三，规定驿站按制度提供车马民夫，此外禁止再向附近的老百姓勒索人力物力财力。

后来又规定了通行证必须按期回收，不许一个人拿了终身享用。

这样的规定比起明太祖时期已经宽松了很多，也不算什么新鲜玩意，在隆庆年间也有类似的条款，只不过那时候的规定，最后都流于形式。但张居正不怕，他手中有考成法，所有的事务都有登记，他用六科监督巡抚、巡按，他自己在内阁控制六科，所有的章程、条例都要切实执行。

153

就这样，在"恢复祖制"的旗号下，张居正又一次实现了自己的理想。他心情非常轻松，因为残虐民众的制度终于恢复成为有节有制的国家交通制度了。

不少人认为驿站是小事，张居正却认为是关系国计民生的大事，执行非常严格。他的儿子去参加考试，按照规定不在使用驿站的范围，他就吩咐儿子，一定要自己雇车。他父亲张文明过生日，张居正自己忙于公事无暇回去，就吩咐仆人背着寿礼，骑驴回家祝寿。万历八年，张居正的弟弟张居敬病重回乡，保定巡抚好心发给了一张通行证，张居正随即缴还，还附去一封信，强调了一番遵纪守法、以身作则的重要性。

要从根本上维持一个制度，不仅要以身作则，还要从上层抓起。所以张居正对有权发出通行证的巡抚、巡按衙门先行整顿。甘肃巡抚侯东莱，是西北地区镇守边疆的一个能臣，他的儿子违反规定用了驿站设备，遭到言官的弹劾。张居正虽然知道侯东莱的价值，但也不能因为一个巡抚破坏国家规定，只好把侯公子的官职革去了。后来在保定检查驿站使用情况，竟发现有十几个官员违反规定。一次要处罚这么多人比较困难，张居正就先把太仆寺和太原府的官员处分了一番。

经过这样严厉的处理，各地官员滥用驿站的问题有所改善，但还有两拨人比较难对付。

一拨是宫中的太监，张居正管不到他们，只有让冯保管束手下。

另一拨是孔夫子的后代衍圣公。当时的衍圣公，是孔子六十四代孙孔尚贤。这位大圣人的后人每年从山东曲阜入京朝贡，沿途都是骚扰不堪，闹得鸡飞狗跳，民不聊生。而且地方官说了很多次，衍圣公都不听。万历八年，张居正终于忍不住了，他说："现在驿站管理条例日趋完善，朝廷大臣稍有违反都要问罪，而衍圣公所过，百姓如被虏贼，司法部门也拿他没辙。想当初孔圣人是秉礼为教的，假如他老人家生在今天，也一定会严格遵守朝廷法令，怎么他的后代反而这么不知好歹呢？以后再骚扰，就不必客气，严格按法律治罪！"

衍圣公听到风声也不得不稍加收敛。到第二年，张居正又和山东巡抚商量，把衍圣公入朝的周期由每年一次改成三年一次。这样一来，山东到北京交通干线附近的居民也就减了不少的惊惶。

张居正对驿站简单而有力的整顿，当然让官员和权贵们减少了公费旅行的乐趣，但在节省政府开支和减少民众负担上，却取得了实在的成效。在张居正的主持下，开源、节流两项并行，万历初年的财政状况基本保持良好。

严肃刑法

张居正要完成富国强兵的理想，要把他在经济、国防方面的改革推行到底，就必须建立高效的行政机构，也必须有严格的法律法规作为保障。所以在他的执政期内，坚持依法办事，绝不

姑息。

在这一点上，常给他带来麻烦的，倒是他的支持者——慈圣太后。这位李太后就如她的封号一样，心慈手软。她迷信宗教，总是想通过做一些善事来求神佛保佑自己和儿子。比如修桥、盖庙，张居正不给她拨款，她就拿出自己的私房钱，总之是相当虔诚。但是即使是皇太后，私房钱也总是有限的，修桥修庙不能无限地修下去，于是她又想出了一条不花钱的功德——大赦。

救人一命，胜造七级浮屠，要是救人十命，岂不是胜造十座七级浮屠么？这等于省下了几十万两银子啊。李太后打着小商人的如意算盘。

万历元年（1573年）九月间，刑部进行秋审，判定了一批罪行严重、应该处死刑的犯人，上奏皇帝，请求批示。这本来是一件例行公事，谁知道却发生了变故。万历皇帝对张居正说："慈圣太后传旨，吩咐说这些人一概赦免，先生觉得如何？"

张居正当然明白慈圣太后的意思，但他更明白法理的精神，于是对皇帝说："春生秋杀，本是天道之常。现在皇上即位以后，停刑已经不止一次了。照这样下去，杂草不能清除，就会伤害禾苗；恶人不能除去，就会伤害善良。所以不应该停刑，还应照常处决。"

万历皇帝奏明太后，太后虽然心里为自己没有造成百十座七级浮屠有些遗憾，但也知道张居正说得有理。于是这年应处死刑的，一概执行。

在这里，以皇太后为代表的，认为赦免体现仁慈，当然是有道理的。从统治阶级的角度来看，不负实际责任的人可以主张宽大，能少杀一条命，也是一桩功德。但是有着责任感的人，却必须对整个法律引起的效果负责。之所以制定死刑，就是为了儆示世人，不要犯罪。砍掉一个或几个犯罪者的头颅，可以阻止千百桩潜在的罪行，保护千百个善良之辈。如果为了拯救罪犯的命，却导致法律威严的丧失，其实是做了一桩大恶。

东周时候的著名政治家子产曾对他的继任者说："火焰看上去凶猛，人人都害怕躲避，所以真正被烧死的人很少；水看上去柔弱，人人不以为意，所以淹死的反而很多。立法执法，应该像火，而不要像水。"

结果在他的继承者子太叔手上，却一味宽大，导致法律松弛，甚而引发了民众的暴动，最终被迫调动军队镇压，才勉强恢复了秩序，结果反而流更多的鲜血。

这个教训，张居正是知道的。他也因而主张凶猛的立法和执法。他清楚，秋斩所砍下的每一颗头颅都是在装点法律的尊严，也是在巩固大明帝国的根基。他曾说过："使吾为刽子手，吾亦不离法场而证菩提。"他还说："君子为国，务强其根本，振其纪纲，厚集而拊循之，勿使有衅，脱有不虞，乘其微细，急扑灭之，虽厚费不惜，勿使滋蔓，蔓难图矣。"大意就是，建设一个国家，必须保证其体制上的稳定，对于任何不祥的苗头，都要趁早不计代价地扑灭，否则如果任其蔓延，后果就不堪设想了。

这实际上就是中国法家思想的精髓。所以战国时候的君王，为了一个逃亡到邻国的罪人，可以拿出价值连城的宝贝去交换

回来处刑。一个罪人造成的危害当然有限，但法律的尊严却是无价的。

对于盗贼，张居正深恶痛绝。因为盗贼是对封建社会统治秩序的挑战，也是对普通良民生命安全的严重威胁。他说，对盗贼一定要捕获，捕获了一定要处决，这样其他人自然不敢为盗了。相反，要是因为顾忌代价，不去全力追捕，只要有一个盗贼得以逍遥法外，就会使得其他有恶念的人心存侥幸，最后导致盗贼猖獗。

为了督促各地官吏捕盗，他把这个写入了考成法。

万历七年，有个叫张国用的盗贼被捕，由南京顺天府派差役押送，但是过了若干时限，还没有到达。张居正得知此事，竟然以首辅之尊，亲自过问。他认为，这必然是盗贼在半途上贿赂了押解的人，乘机逃脱了。在他看来，这不是小事，而是赤裸裸的挑战国法。于是他下令，顺天府先将差役的家属都抓起来，然后派人沿着押解的行程，一路查询过去，看看到底是从哪个地方逃脱的，务必得到下落，不然的话，就等着按照考成法领受处罚吧！

有人觉得张居正这样太严厉了，拿出孔子的话和他辩驳："苟子之不欲，虽赏之不窃。"意思是，要是能够教化老百姓懂得廉耻，就算你出钱鼓励他去做盗贼，他也不会去了。言下之意，教化为主，何必多杀人？

张居正可不吃这一套，他说：从来只听说圣贤的君王，杀一个人是为了制止更多的犯罪，判一桩刑是希望以后不必再判更多的刑，却没听说过把有罪的人释放了算是仁慈！"苟子之不欲，虽赏之不窃"，孔子说这话，是因为当时鲁国政治混乱，风气不好，所以拿这个来警示众人，并不是说就不能处罚犯罪！人多是有贪欲的，要满足贪欲，最快捷的方法就是去做强盗，做强盗可比遵守礼法，辛勤耕耘要爽快多了！能够安于贫苦，不需要畏惧刑罚，自己就能不做坏事的，也只有历史上的那几位圣人。如今你们说，不要我严明刑法来禁止为非作歹，却要我通过教化，让老百姓都安于贫苦而不做坏事，那除非天下都是圣人！就连当年的贤君舜，贤臣皋陶，面对盗贼也必须用刑罚，何况现在呢！再说，往日执法人员都不敢捕拿盗贼，就是因为盗贼抓住了未必处决，而一旦不被处决，盗贼出来后就会纠集党羽来报复，所以盗贼越来越多。如今则不一样了，有圣明天子在上，而我张居正在执政，"法在必行，奸无所赦"。还有什么值得怀疑的吗？

万历五年，慈圣太后为皇帝定下了王伟的女儿，准备举行婚礼。于是由钦天监负责选择黄道吉日，最后选定十二月大利。

这位太监为了显示自己的专业水平，又补充了一句：一年之中，唯有十二月大利，其余皆有碍。

这时候，麻烦来了。因为明朝之前的各位皇帝，都是十六岁以后成婚的。如果在万历五年的十二月举行婚礼，这时新郎只有十五岁，新娘只有十四岁，稍微嫌太年轻了一点。但要等到万历六年的十二月，这还有一年多时间呢，又未免太迟，等不及。可要在这两者中间结婚呢，钦天监不是说了吗，月份不利。

这可真是进退两难了。皇太后就请张居正来决定。张居正思

索之后，就确定在万历六年的三、四月之间。那时候万历已经十六岁了，而且正当暮春，天气好，又是万物生机勃勃的时节。

然而，钦天监不是说月份不利吗？张居正很会说话："钦天监计算出来的黄道吉日，那是根据平民百姓的规矩算的。但是皇上非同常人，所以皇上的吉日与庶人也不同。像我张居正比较愚昧，从来不信阴阳风水之说，做事只根据按理该做的，按势可做的，就去做，并没有拘泥于什么时日，也没有刻意趋吉避凶，结果误打误撞，往往还能得到天意眷顾，获得吉利。何况皇上是天地百神之主，他的一举一动，都将受到上天的保佑，哪里会被这阴阳风水的小小道术所拘禁呢？"这番话，说得皇太后连连点头，于是决定在万历六年三月结婚。

等到九月，慈圣太后再次大发慈悲。她派太监传圣旨，说皇上结婚大喜啊，咱图个吉利，命内阁拟旨暂免行刑吧！

得，这大赦的兴头又来了，刑部面面相觑。

张居正可不会为太后凑这个趣。他立即上疏，先把春生秋杀的大道理说了一遍，又把赏罚分明的规矩解释了一通，随即话头一转，开始动之以情："我连夜看了下这些要处决的犯人，有杀爷爷奶奶的，有杀爸爸妈妈的，有打死哥哥舅舅的，有杀人一家三口的，有强盗劫财害命的……这都是些伤天害理之辈啊，难道您还想赦免他们，这岂不是违反上天的意思吗？"

生怕皇太后还不听从，张居正又投其所好，拿出迷信的部分来了："太后现在看见这些犯人要被处斩，觉得他们可怜，想赦免他们。可您不知道，被他们杀害那些人更可怜啊！那些死鬼，含冤蓄愤于幽冥之中，要是皇上不能杀死凶手，为他们泄愤，只怕他们的这些冤苦怨毒之气，要郁积不散，引发各种天灾人祸。这样受害的，可又不止一家一户了！"

这封奏章上去，皇太后毛骨悚然，立刻传下旨来："先生说得是，今年照旧行刑。"

就这样，张居正不断与皇太后的"仁慈"之心做斗争，维护法律的尊严。但另一方面，为了这尊严，有时候也不禁稍微严苛了一些。

整顿学府

张居正的改革，在有的方面来说，态度很温和，采用的办法也很脚踏实地，甚至是尽量在所谓"祖宗法度"的框架内。但有的方面，却又相当激进。比如说，在万历三年的初夏，他上了一道《请饬学政疏》，就仿佛往池塘里丢下一颗炸弹，激起了冲天的水柱。

因为这道奏章，是要整顿天下的学政。换言之，是要拿读书人开刀了！

张居正自己是通过科举考试，从童生、秀才、举人、进士，一步一步考起来的，他也是读书人的一员，如今怎么会这样忘本呢？

其实不是忘本，实在是因为当时的读书人，闹得太不像

话了。

全指读书人也不对，张居正这改革要针对的，是读书人中的一个中间阶层——生员，也就是秀才。

明朝的学制，学校机构从上到下分为三等。南京和北京有国子监，相当于中央党校。再往下，各府有府学，各州有州学，各县有县学，相当于地方高校，归各省的提学官管理，每个学校有一定的名额，供秀才们读书。除此之外，乡村中还有社学，连同有钱人自己办的私塾一样，都属于初等教育机构。

明代的读书人，初始身份是童生，这个没啥门槛，上过学就算。童生要去参加"童试"，就是考秀才。考上秀才之后，然后再参加"乡试"，去考举人。考上举人后可以直接做官，也可以参加"会试""殿试"，考进士。这就是读书人的晋升之路。

其中，参加"童试"的人中，最优秀的可以进入国子监读书，但这个名额实在有限。所以大部分童生都挤破了头，盯着另一堆名额——各府州县的官办学校。

根据明太祖朱元璋的规定，这些官办学校的名额是这样的：每所府学四十人，每所州学三十人，每所县学二十人。

这么一计算，全国范围一千多个州府县，总计官办学校大概是三四万个名额。不少了，但在潮水般的指望靠读书改变命运的童生面前，狼多肉少。

进入了这官办学校有什么好处呢？好处大了去了！

凡是进入府学、州学、县学的，成为廪膳生员。这意味着，首先你的吃饭就由官府包了，称为廪膳。廪膳生员每个月可以领取白米一石，还有一部分鱼肉油盐，总之一人读书，全家不饿。

除了国家管吃之外，廪膳生员还有一项经济特权，就是免役。一家有人考取生员，除了生员自己外，还可以另外免除两个男丁的徭役！前面说过，在明代徭役是很严重的负担，可以免除三人徭役，这是多么幸福的事！难怪那么多父母省吃俭用要送儿子读书，考上秀才就有钱途啊！

此外还有政治特权。从社会地位上，秀才是可以和县太爷拱手的，上了衙门吃官司也不挨板子，在那个官本位的社会，等于就是个特权阶级。所以，谁说秀才等于中学生？比现在的博士生还牛啊！

廪膳生员如此诱人，但名额太少。随着读书人的增多，很快各州府县的学校就都挤满了秀才，面对潮水般的新童生，每年新名额严重供不应求。

于是又增设了一批"增广生员"，其具体名额与廪膳生员相同。这部分人，不再有白米和鱼肉的领取，但还是可以免除三个人的徭役。

等到读书热潮更加扩大，连增广生员都不够满足人民群众求知欲望了，又增加了"附学生员"的名分，附学生员的特点是：一是不限名额，二是地位比增广生员低一级。除此之外，和增广生员完全一样。

地方学校除了每年通过童试吸收新同学，以及每三年推荐优秀同学去参加乡试考举人外，还会在内部进行等级考试，考得好的升级，比如从增广生员晋级为廪膳生员；考得差的降级，甚至

被取消秀才资格。

以上就是对大明朝"秀才"这一阶层的大致描述。由此可见，他们具有几大特点。首先相对于普通民众，他们有地位。与是个人都算的童生不同，秀才，不管是廪膳生员、增广生员，还是附学生员，都享有免除丁役的经济特权，以及地方上的政治特权。其次，他们具有较大稳定性。总数不下六位数的秀才们，能考上举人甚至进士的，必然只占少数，而连续考试不佳被革除功名的，也是少数。其余的多数人，就将顶着秀才的头衔，度过一生。

不过，可别被电视剧迷惑，以为人家是"穷酸"秀才。实际上在老百姓看来，这帮秀才一点不穷。他们有米可领，遇役可免，上衙门不挨打，这就是相当厉害的特权。他们通过地方学校，建立连带关系，最终隐隐成为一种地方势力。仗着知书达理，能说会道，以及可能有发达的同窗，他们可以欺侮一般民众，甚至还可以压迫地方官吏。喜剧电影《算死草》里面，周星驰扮演的宋世杰，就是仗着秀才的功名，把堂堂县令都整得死去活来的。同时，又由于科举制度的严格，他们中的很多人也就无心进取，很满足于这种欺男霸女的行为，从而成为所谓的"学霸"。

在全国一千多个州府县里，这成千上万的学霸，正扰乱着更多老百姓的生活安宁。

张居正对这些学霸，就和对盗贼一样深恶痛绝。他在万历二年，要求吏部选择能干的人担任提学官，去管理各县的秀才，对不合格者予以开除。但一年以后，并没有看到什么成绩。张居正火了，他认为：我当秀才时看到的提学官，多是海内名流，能够以道自重，坚持原则，而旁人也不敢去和他们徇私舞弊。而近年的提学官都不能自重，没有真才实学来服众，只知道博取虚名，甚至出卖国家的法度来培养自己的交情，而且怕苦怕累，不愿意下基层，不愿意主持考试，结果造成读书人和民间的风气都越来越坏。拉关系走后门的、剽窃学术腐败的层出不穷，当官则没有政绩，当老百姓则不讲道德。祖宗选拔读书人来做官的良苦用心，也都成了泡影！我去年让吏部选拔提学官整顿学校，到现在一年了，结果呢？学校风气依旧，吏部也没拿话来说！

接下来，张居正亮出了自己的撒手锏，他列举了十八条对策，用来整饬学风。

比如说，他要恢复明太祖时候的一项规矩：国家大事，各色人等都允许直言，唯有生员不许！因为他们既不当官，不用承担责任，又特能言善辩，他尤其警告秀才们，有事没事都别去衙门里转悠，帮人打官司，或者议论官员。要是敢聚众辱骂长官的，一律问罪的问罪，开除的开除！

再比如，他要加强对这些秀才的入学考试和校内考试，考试不合格的，要么改派为吏，要么罢黜为民。

更狠的是，他还要减少各地学校的名额！张居正要求，府学的廪膳和增广生员，其名额上限由四十人降为二十人；州学和县学则降为十五人。

这些措施，招招致命。张居正就是要打倒游谈之士，要肃清

学霸之源，要把这群仗着学问横行乡里的斯文败类，好好地收拾一番。这样的举措，当然会遭到各种阻力，落实起来也有困难。但是张居正还是有那万能的法宝——考成法。在监督下，各地的官员不折不扣地执行张居正的政策，那些遭到淘汰的秀才，纷纷发出凄厉的惨叫。

而且，因为考成法的严厉，派往各地的督学官矫枉过正，甚至有的州县一届里只录取了一名童生进学！

整顿学校这一层，对于张居正的大目标，无论是富国强兵，还是提高吏治来说，似乎并没有太直接的关系。但是他这么做的风险却是相当大的。因为在宋朝以后，儒生势力已经成为社会中的领导者，而其中的秀才这个阶层，则是统治者和被统治者之间的纽带。

他们脱胎于民众，算是民众中的佼佼者，同时又是政府大小官吏出身的群体。所以，老百姓服从他们，地方官也要考虑他们的意见。他们拥有地方事务的领导权和地方舆论的话语权。他们固然利用自己的特权在压迫民众，但在民众看来，他们既是羡慕的对象，也是值得尊敬的领袖。

而且，他们表面上还是孔孟之道的奉行者，于是反过来，对他们的压制和打击，就背负了亵渎圣贤的恶名。

综上，得罪这个阶层，对张居正的个人前途和声誉来说，实在比得罪权贵和皇亲国戚更加危险。

然而张居正并不曾因此而退缩。从某种意义上说，他之所以整顿学风，并非单纯是为了同情百姓。那些百姓遭到秀才们的欺凌，比起遭到恶霸权贵的来，应该还是要少。更重要的，他自身也是奉行孔孟之道的，所以他不忍看着孔孟之道被这些斯文败类糟践。他要整顿学风，也就是要清理门户。为国为民，才是儒之大者！

对于因此可能遭到的得失毁誉，张居正也早有准备。他说，作为执政的人，"秉公执法"四个字就足够了。至于旁人的议论，当然是免不了的。但他们不容我，又有什么关系呢？不容，然后见君子！"得失毁誉关头，若打不破，天下事无一可为者，愿吾贤勉之而已。"

正因为张居正抱定宗旨，要打破得失毁誉的关头，所以能得到当日的成功；但也正因为他不顾人情物议，所以不免招致身后的诋毁。得失之间究竟如何，也只能留待后人评述了。

整顿学风之余，张居正还要干另一件事：清理书院。

如果说前者是出于良心的整风运动，那么后者则完全是一场政治清剿了。

书院，是中国传统的教育形式，也就是古代的民办大学。一般由一些有学问的人聚集在一起读书学习，讨论问题。如岳麓书院、白鹿书院、嵩阳书院、应天书院等，都是有上千年历史的名院。

而明代书院，除了教书学习之外，还进行一些政治活动。

等到明朝的奇才王守仁横空出世后，他的心学思想广为传播，成为一种潮流，在各大书院广为宣讲。

在万历初年，心学的主流泰州学派，颇有些解放思想的风

格，而且喜欢批判朝政。张居正在朝中专权独裁，他的很多做法也被心学的学者们看不顺眼，因此张居正常常遭到讽刺和攻击。

张居正并不是一个太在意个人毁誉的人，普通的谩骂他可以忍受。但同时，他却完全清楚心学学派的力量。

当年他的老师徐阶，就是因为得到心学传人聂豹的教导，才能从一个普通的愣头青，成长为出类拔萃的首辅。

而在徐阶和严嵩斗争进入关键时期之时，又多亏心学派的何心隐、蓝道行等人出手相助，最终推翻了严嵩。

单从这个角度，心学派曾经是张居正的同盟，然而如今，当两者道不同时，张居正就把心学派看作严重的威胁。

顺我者昌，逆我者亡，心学也不例外！早在万历三年整顿学风时，张居正制订的十八条措施，其中就有一条是禁止别创书院。理由很简单，读书就要读圣贤之书，要读圣贤之书，到国家开办的学校就行了，何必另立门户，聚党空谈！简言之，就是政府要成为学术的带头人，一切文史社科讨论，必须紧跟着朝廷。一旦违反这条，当官的罢官，老百姓抓起来！等到万历七年正月，正式下诏，捣毁天下的书院，一共六十四处。虽然张居正打的旗号是有些书院借此敛财，斯文扫地。但其真实目的，还是铲除政治上的隐患。

张居正曾说："吾所恶者，恶紫之夺朱也，莠之乱苗也，郑声之乱雅也，作伪之乱学也。"张居正对学术评价，是以实用为主。所以尽管他本人也曾从徐阶等人那里受到心学的熏陶，并且接受"信心任真，求本元一念"的王阳明派观点，但对于昔日的同门和盟友，还是毫不留情地挥起了镰刀。

挥了镰刀不够，还要挥屠刀。有一个最爱批评朝政的人必须收拾。他就是当年帮着收拾了严嵩的大功臣——何心隐。

何心隐思想激进，经常践踏理学，抨击腐败，对张居正的独裁也毫不客气。而且他交友广泛，神通广大，实在难以对付。

张居正能对付。

万历七年（1579年）的一天，何心隐正在讲学之际，却被湖广巡抚王之垣派兵逮捕。随后即不明不白死于武昌监狱之中。天下因而哗然，王阳明学派的弟子们纷纷斥骂王之垣心狠手黑。然而再怎么骂，这位王门奇士也活不过来了。

十四年前，何心隐曾经对徐阶说过，你不能兴旺心学，严嵩也不能灭亡心学。兴亡之间，却在张居正。如今他的预言完全成真了。

而对张居正而言，这样的血腥和残暴，或许并非本意。

他要的，只是一个相对清净的环境，好放手改革。至于改革路上的绊脚石，无论清浊善恶，都要一一铲除，毫不容情。

所以，统一思想，控制舆论，也是无奈之举了。

重视水利

张居正主政以来，无论军事、行政、外交，他都能拿出自己独到的见解，但在一个方面，他却只能干瞪眼。

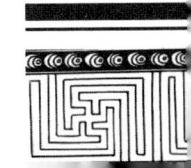

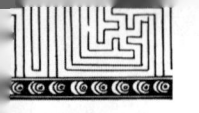

没办法，这方面的专业性太强——水利。

在中国古代，水利问题简直和江山稳定、皇朝兴亡生死攸关。尤其是中华民族的母亲河黄河，随着环境恶化，屡屡成灾，三千年间决口一千多次，大改道二十六次，给中下游的民众带来了极大的危害。在嘉靖后期，黄河从河南经过山东转入江苏，然后从泗水冲到淮河流域，再跟淮河一起进入黄海。这样，河南，江苏，山东以及朱元璋祖坟所在的安徽，都在黄河的威胁之下。

对于明朝而言，除了要防范黄河决堤外，另一件大事就是漕运。也就是每年把江南鱼米之乡产的四百万石粮食，通过淮河和黄河运输到北京。张居正主政之初，为了富国强兵，计划在北京仓库屯上十年的粮食，大约二千五百万石。所以他对漕运和河道，是相当关心的。

隆庆六年，万历元年，万历二年，粮食都运到了。可就在这年，黄河在邳州决口，淮河也决口。万历三年，黄河在砀山决口，滚滚黄水不断南流，甚至通过京杭大运河灌入了长江，在江南引起恐慌。而由于大量黄河水进入运河，又导致京杭大运河在高邮决口，一时之间，风声鹤唳。

对明朝政府最直接的麻烦就是：黄河乱决口，从南向北运粮食的水道怎么办？

张居正身为首辅，只能请教河道总督傅希挚。傅总督其实也不是特别有谱，说了些不着边际的话。最后在张居正的一再催促下，傅希挚决定把山东境内的东西两条泇河贯通，形成从南到北的另一条水道。

方案提出来后，工部方面对此提出疑问，认为从地形来看，开掘的难度系数很大，在当前黄河泛滥的情况下，花费人力物力去搞这种不靠谱的工程，真是乱弹琴！

以张居正的个性，他认为事在人为，他也相信作为专家的傅希挚不会乱提建议，所以坚决地支持傅希挚，无论人力物力，要什么给什么。然而万历三年这次工程最终还是失败了。张居正非常焦急和愤恨。

焦急也罢，愤恨也罢，现在黄河还没归位，每年四百万石的漕粮，还是要寻找水道北上。这年九月，张居正的两位同年：南京工部尚书刘应节和右侍郎徐拭，又请求开通胶河与莱河，穿过山东半岛把渤海湾和黄海连接起来，以后运粮可以部分走海路。

隆庆五年高拱当政的时候，张居正曾反对这个计划，但现在黄河屡次决口，已容不得他犹豫。所以他又对这二位大力支持，派徐拭前往山东，会同山东巡抚李世达办理此事，也是要钱给钱，要人给人。对于朝野反对的意见，他一一驳斥，甚至认为反对者都是出于私心，担心开胶莱河会占用山东大量劳动力，或者因为胶莱河的开掘，减少本地的重要性。

万历皇帝也完全按照张先生的意思下达诏书，并且声言："再有造言阻挠的，拿来重处。"

然而最后，张居正又一次遭到失败。朝野反对声音渐起，李世达和徐拭先后动摇的时候，张居正还鼓励他们坚持。但等到万历四年，通过实地考察，一则凿山引水，筑堤建闸的开销太多，二则运河的水源问题还是难以解决。再加上即使胶莱河能开挖成

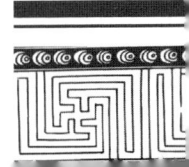

功，要解决海运问题，还必须整顿京杭大运河淮安以下的部分。但现在黄河泛滥，京杭大运河已经在高邮、宝应一带决口，所以皮球又踢了回来——还是不行。到万历四年六月，终于停止胶莱新河的建筑，这是张居正在水利方面的第二次失败。

以张居正这样的牛人，竟然连续遭到两次大败，也并不奇怪。实在是治水这东西，需要的基础知识太多，在内阁里挥斥方遒的首辅，怎么能了解黄河的属性呢？所以，他只能相信他认为的专家，并且调动国家的人力物力财力去全心支援他。当专家本身没有足够干才时，投入越大，损失和失败也就越大。

万历四年二月，负责漕粮的漕运总督吴桂芳又提出一个建议，说现在因为黄河入海口在云梯关，水道淤塞、泥沙横流，造成黄河泛滥。那么，不如多在黄河下游开一些出海口，让黄河水更畅通地流入大海，这样淮河水也因此降低，下游泛滥造成的民众灾难也可以减少了。

张居正没有治河的经验，但他有治河的决心。所以再看到吴桂芳这奏疏的时候，又决定全力支持他。一旦下定决心，还是那样要啥给啥，而且帮他挡住一切不利的言论反对。当时有人认为，要是入海口开多了，会不会对漕运发生影响？张居正说，现在淮扬一带的老百姓，正被洪水整得死去活来，救他们要紧啊。如果日后真影响到漕运，自有办法解决，你们不用太担心。

吴桂芳得到张居正支持，信心倍增，又提出了大胆的方案，认为要救上游的水灾，必须牺牲当时已经残破不堪的安东县城（今涟水县），让黄河从这里冲入海，就可以保全其他地方。张居正依然是全力支持，果断推进，说挖就挖，说冲就冲！

到万历四年七月，草湾的出海口完成，黄河水下去了。张居正写信给吴桂芳表示祝贺，赞美道："海口疏通，淮、扬之间，欢声雷动，从此人得平土而居""以此知天下无不可为之事"。

然而正当他兴高采烈时，淮河水却又暴涨，兴化、泰州一带，又是一片汪洋。

这回怎么办？张居正再次虚心向吴桂芳请教。吴桂芳建议，把淮河水引入黄河，让黄河成为淮河的分流口，这样就可以消除淮水的灾难。

问题是这样一来就牵扯到专门负责黄河的河道总督傅希挚。你往人家的地盘放水，总得打个招呼吧。张居正便写信给傅希挚疏通，说"河、漕如左右手，当同心协力，以期共济。"傅希挚却很不满意，为了你的河道，要增加我的风险，凭啥？两边就形成了僵局。

在整个过程中，张居正作为外行，并没有去横加干涉。但他能尊重专家的意见，能在必要时拿出全部的力量去支持工程，也愿意将自己的一些观点提供出来。当发现自己认识有误，就立刻改正。凡此种种，都表现了一个政治家应有的气度，比之"外行指挥内行"的时髦惯例，是要可敬百倍了。

在明代对于黄河和漕运的事务，最初是分属两个机关，河道总督管黄河，漕运总督管漕运。又因为当时漕运是用到了黄河从淮安到入海这一段的，于是黄河的这一段又划归漕运总督兼管。这么着，"丫"字形的水道，三截归两人，怎么分割都不利索。

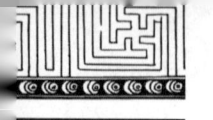

而两位总督，也就处于无休止的争吵状态了。万历四五年间，为了黄河、淮河泛滥的事，河道总督傅希挚和漕运总督吴桂芳就相互掐得不可开交。

张居正是支持吴桂芳的，所以他把山东巡抚李世达调来当河道总督，顶替傅希挚。结果等傅希挚走后，李世达和吴桂芳还是要闹矛盾。张居正终于发现这是制度的问题，不是人的问题。

那怎么办？改呗。于是在万历五年十月，张居正名命吴桂芳兼任河、漕总督。三个月后又升吴桂芳为工部尚书，兼都察院右副都御史，总理河、漕提督军务。

丫字形的两个机构，至此正式合并，权力统一了，管辖范围整合了，水利工作也可以更好推动了。张居正写信给吴桂芳，鼓励他迎难而上，不顾议论，甩开大干一场，并且表示我一定会给予全力的支持！

不幸的是，正当机构调整完成时，张居正倚重的专家吴桂芳竟然病死。

幸运的是，正当张居正为吴桂芳去世而心疼不已时，另一个真正的超级专家横空出世，拯救了在洪水下呻吟的百姓，拯救了大明皇朝的漕运，也拯救了张居正。

他就是明清两代最伟大的水利专家——潘季驯。

潘季驯（1521—1595年），字时良，号印川，浙江乌程（今吴兴）人。他是嘉靖二十九年进士，比张居正晚一届。隆庆四年黄河决口，高拱慧眼识英雄，起用潘季驯去堵口子，果然手到病除。

张居正对于高拱用着上手的人才，态度是只要不和他作对，从来都是照单全收。吴桂芳一死，他立刻任命潘季驯为右都御史兼工部左侍郎、总理河漕，至此河、漕方面得到一个妥当的解决。

关于黄、淮水利的事，万历六年，潘季驯提出他的主意，简单来说，就是借着淮河的清流，来冲刷黄河的泥沙，使得两条河并流，这样水势急而泥沙少，顺利奔向大海，也就不会四处泛滥了。这种思路，是吴桂芳"束淮入黄"的升级版本，也和张居正原先的考虑相吻合。

潘季驯还把他的主意列为六点：

第一，堵塞决口，使得河水回归主道；

第二，加固堤防，以防止决堤；

第三，修建带闸的坝，以防外河冲击；

第四，创建滚水坝，以巩固堤岸；

第五，把吴桂芳先前搞的浚海工程先停下来，免得浪费钱；

第六，"恢复老黄河"的议论也先醒醒吧。

张居正看出潘季驯是真正的治河之人，对他全力支持，毫无牵制。他再次拿出考成法的厉害兵器，宣布所有跟治河相关的事务，潘总理有绝对的权威！所有相关官员，凡是不听潘总理指示的，一律拿下治罪！果然，随后淮安水利道河南佥事杨化隆和淮安府通判王宏化，在被潘季驯弹劾后，都由吏部拿下了。

在治理的过程中，也有人对潘季驯的治河方案提出异议。张居正自己当然是不懂水利的，但他把这些意见都拿来和潘季驯提

出讨论，完全是虚心请教的样子。潘季驯也不辞辛苦地对外行张居正解释了一通，打消了张居正的顾虑。

由此可见，说张居正狂傲自大，固执己见，唯我独尊，那是在他确实该自信，有资本固执己见的领域。对自己不熟悉的领域，张居正绝不夜郎自大，而是会信任真正的专家。

张居正对于潘季驯很感激：这位经验丰富的专家，对我的帮助太大了！

潘季驯对张居正也很感激。因为他给了自己机会发挥才能报效国家，而且他真正是提供了最大的支持，却不曾胡乱干涉。

经过一年多的努力，到万历七年十月，潘季驯奏报河工告成。困扰大明朝野的难题，从此消除。一贯东西游荡的黄河河道，也从此稳定了多年。这是非常难得的功绩。张居正非常高兴，写信给潘季驯，大举褒扬，甚至把潘季驯比作大禹。而潘季驯则把功劳归结于皇帝的圣明以及张居正的全力支持，领导有方，"臣等何敢贪天功以为己力哉"！

万历八年二月，因为治河的功劳，潘季驯被加封为太子太保，升工部尚书兼都察院左副都御史。这当然离不开张居正的提拔。而到万历十二年，张居正全家被抄之后，潘季驯敢于冒着皇帝的震怒，上疏替张居正求情，以至于自己被革职为民。

张居正和潘季驯，真可以算是在共同拼搏中建立的生死之交了。

第五章 用人方略

高拱用人，向来不拘一格。前面已经说过，殷正茂有军事才能，但好贪污，高拱仍让他去广西平叛，因为他虽有瑕疵，但能办成事。与其用一个完美的庸人，不如用一个有缺陷的能人。

张居正尽管是高拱的政敌，但他在用人上，继承了高拱的这种不拘一格的方略。尤其在技术性非常强的军事领域，张居正起用的多是那些能力出众的将领，至于生活小节方面有瑕疵，他是不计较的。

唯才是用

回溯张居正的执政生涯，人员的任免在他建立大业的过程中起到了极重要的作用。早在张居正任首辅之位的最初，他就明白，自身的能力即便再出色，也不可能面面俱到。所以，他掌政之初，首先做的便是建立能为他所用的朝廷班底，于是他格外重视在全国数以万计的官员和数以万计的读书人中，选拔出合格的人才。这一方面，张居正曾经说过："为国家爱养人才，不敢以私意用舍。"这一点可见看出张居正的气度。

一般来说，所谓一朝天子一朝臣，大凡朝廷里面的更新换代，新上台的领导总喜欢用自己提拔的一批人，而把前任的党羽撤换下去。当初高拱掌握政权的时候，就是只用听话的，对于异己一概排斥，所以得到揽权擅政的恶名。

但张居正则不。首先张居正从高拱的经历中得到了教训，决不重蹈覆辙。其次高拱本身就是一个很出色的吏部尚书，他的用人水平，不但超过严嵩，也超过夏言和徐阶，他所提拔的人都是出色的人才。

所以对张居正来说，干吗硬要推翻高拱的炉灶，自己再去找呢？直接继承他的成果不好吗？这固然是很简单的道理，但却也需要当权者有极大的气度，才能不存门户之见，真正将人才用于指掌。

比如说当时的重庆大才子张佳胤，是嘉靖二十九年进士，有名的能臣，同时又和高拱关系很深。在高拱下野之后，因为对张居正的规矩摸不透，他有些消极。张居正知道他是人才，接连去了两封信，希望他能出来做事。针对张佳胤的顾虑，张居正直言不讳地说："您不要误会，我不会因为你是前任首辅（高拱）推荐用的人，就对你存有芥蒂。天下的贤才，与天下共用，何必定要去计较你推我推？而且我和高拱本来关系就很好，更何况他举荐的贤才，我怎么会不用呢？您又何必有疑心呢？"

再比如王崇古，是高拱的同年和亲密战友。但张居正也对他同样倚为长城。还有高拱提拔起来的水利专家潘季驯，在隆庆后期因为犯错误而在家赋闲，也是张居正再次把他起用，并建立大功劳的。

当然这只是一方面。对于朝中还有一些官员，不但是高拱的心腹，而且对张居正掌权怀有很深的敌意。对于这部分人，张居正决然不能容忍，必须铲除而后快。因为容留他们在朝廷上，虽然也可以干一些事，却会动摇他本人的主政大体，甚至这些人干得越好，对他自己的威胁越大。张居正和司马汪道昆谈到此事曾说：有一小撮坏分子，用花言巧语来扰乱政治，这实在关系到朝廷的根基！所谓"芝兰当路，不得不锄"，对他们决不能客气！其他人不管是理解我，还是怪罪我，这又有什么关系呢！"

张居正当国十年，在用人方面还有一个特点，那就是他在地方官员、边防将帅和主管专项事务的职务上，总是尽可能寻求那

些才能出众之辈。唯有在内阁，他用人的标准，选的却都是那些锋芒不露的老好人型。

之所以如此，实在是张居正在多年目睹和切身参与的政治斗争中，所吸取的教训所致。

在明朝的政治体系中，文官系统的权力极大。明太祖朱元璋是个例外，自己一个人又当皇帝又当宰相，把政务都包干了。但他的后代，当然不可能都如他那么生猛。所以在多数时候，全国的大政，还是控制在文官集团手里。这个文官集团，在过去的朝代，往往是以宰相作为权力的集中代表。而明太祖朱元璋废止了宰相，权力便分散形成内阁与六部的相互制约上。

在多数情况下，这种制约力度并不强。六部虽然有对于实际政务的执行，但内阁大学士更是明朝国家政治的中枢。如果朝廷中存在着政治斗争，那么这斗争必然发生在内阁大学士之间，而六部的官员和职权，仅仅是作为他们斗争的工具罢了。

正因为如此，所以当张居正刚刚进入翰林院之时，严嵩必须要借助内阁大学士的身份，才把夏言斗倒害死；而徐阶之所以能成为严嵩十余年的劲敌，并最终将其剪除，其内阁大学士的身份也是必不可少的。徐阶一手干掉了严嵩，权势通天。但即便在这种情况下，因为错把高拱和郭朴引入内阁，结果造成了剧烈的冲突。直到徐阶把高拱逼下野之前，内阁工作都无法正常开展。

而后来呢，张居正回忆起徐阶退休后的岁月。自己虽然排名第三，但首辅李春芳和次辅陈以勤都是厚道人，所以各项政务工作基本能顺利开展。等到老资格赵贞吉入阁后，形势立刻改变，内阁重新陷入相互争夺的状态。再往后，高拱来了，那真是前门驱狼后门进虎，此后的三年，自己就是在阴霾下度过的……

经过仔细的总结，张居正得出一个结论：对于自己而言，建设好大明江山是最终目的。为了这个目的，必须要保证自己掌握朝廷大权。

而为了掌握大权，就必须确保内阁中都是老实听话的人，而不能再有刺头，更不能有足以威胁自己地位的人。

方针定了，在引进人才上面，自然可以按图索骥。

隆庆六年，高拱被驱逐，不久高仪又病死，张居正成为内阁中硕果仅存的一人。一个人的内阁当然是笑话，张居正必须至少补一个人进来。

从当时朝廷的人才班子来看，三朝元老杨博最有资格。杨博不但文武双全，而且德高望重。他的资历，比高拱都要靠前（杨博是嘉靖八年进士，高拱是嘉靖二十年的进士）。他入内阁，当然是众望所归了。

但是从张居正早年的立场来说，决不能让杨博入阁。道理很简单，就是因为杨博的才干和资历都太大了。这个比自己早十八年入阁的元老，非但曾经被严世蕃称为天下三大奇才中的第一个，而且还是以吏部尚书的官职，同时监管兵部的事情，也就是同时手握军事、人事大权。他的潜力，比起高拱来也只多不少。如果让这样一个厉害人物进入内阁，张居正自己是绝没有把握能控制住杨博的。

当然，数十年来的事实表现，杨博并没有个人掌握大权的野

心。早在严嵩收拾夏言的时代，他就专心于国防，带兵抵抗蒙古铁骑，丝毫不掺和朝廷内阁中的争斗。再往后，徐阶与严嵩长期对峙，徐阶与高拱此起彼伏，包括张居正对高拱暗箭伤人，他都置身事外。换个说法，这位老前辈是来干实事的，不争权力，只搞业务，可谓天使的品德，魔鬼的手段。

但张居正不会把希望寄托在这个上面。从他自己的切身经历，以及多年观察到的事件，人是会改变的，良心和品质都是未必能靠得住的。高拱在翰林院和国子监的时候，不也是相当清廉吗？可是自从成为内阁首辅，没多久也开始收受贿赂了。徐阶先生不是老老实实地辞了官下野，只希望享清福吗？可是来自朝廷中的迫害，并不肯因此而放过他。所以，什么良心，什么道德，在权势面前，都可能毫无作用。当然，杨博老前辈的人品，我不应该无端猜疑。然而，我为什么要把自己的前途，还有我振兴大明，改革弊政的远大理想寄托在杨博老前辈的人品上呢，为什么又要用内阁中的权力去诱惑他呢？既然他愿意从事实务工作，愿意带兵打仗，那就让他清清静静地干自己喜欢干的事情吧。内阁之事，不必烦劳。

当然，就算从朝廷惯例上，不用杨博也是有道理的。明朝的中枢政治，原本就是二元制，吏部尚书掌握朝廷官员的任免权，其地位本来在内阁大学士以上。即使到了后来内阁权重以后，据说当时吏部尚书如果在路上遇到大学士，照例也是不需要避道的。在这种情况下，当然不应该把吏部尚书和内阁大学士给结合起来，所以推举大学士的时候，通常是把礼部尚书、吏部侍郎，或是翰林学士提升为内阁大学士。

这两方面的原因加起来，张居正自然不会让杨博入阁。第二年也就是万历元年，杨博退休。万历二年杨博去世，被皇帝赠授"太傅"。

在万历皇帝请张居正推荐内阁大学士的时候，张居正思考再三，推举了礼部尚书吕调阳。吕调阳是嘉靖二十九年的进士，比张居正晚一届。他也曾担任过国子监祭酒等职，并且以廉正闻名。从地位和名声上，确实是一位合格的内阁大学士人选。更关键的，除了廉正的声望之外，吕调阳擅长的在于治学和道德，并没有出色的政治手段，对于权术更是一窍不通。照俗话说，就是个老好人，是和当年的李春芳、陈以勤一般的老好人。

这样的人选对于张居正才是最合适的。他知道内阁里除了自己，只需要一位忠厚老实、和衷共济的长者就行了，真要再添一位雄心勃勃，韬略深远，器度恢宏的重臣，恐怕反而会引起麻烦。

用吕调阳而不用杨博或者其他强人，这自然是张居正的私心，怕动摇了自己的权威。然而从大明帝国的角度来说，内阁之中的斗争从嘉靖时期开始，差不多半个世纪以来，几乎一直没有停过。这样的局面对于国家的大政稳定也相当不利。所以张居正对内阁人才的这种选拔，在维护自己权益的同时，也力求符合稳定内阁，稳定朝政的利益。

此外需要强调的是，张居正虽然刻意选择了不会对自己造成威胁的人，但这绝不等于他丝毫不计德才。恰恰相反，张居正用

183

人都是经过深思熟虑的，并且为每一个岗位挑选适合的人。比如内阁大学士，权力可能很大，更是国家政治的重心人物，万众瞩目，那就一定要选择道德水平和声望都较高的人。吕调阳正符合这一点。张居正和吕调阳，在隆庆五年会试的时候，张居正担任主考官，而吕调阳担任副主考，那个时候他们就已经彼此认识并且熟悉了。张居正深知，吕调阳正是自己所要的最合适的内阁人选：没有野心，听话，同时有节操，有德行，能勤恳地为国家出力。所以张居正才将他提拔到内阁里面，和他长期合作。在万历七年吕调阳死后，张居正评价说："我与老吕同在内阁这么多年，对他也算很了解了。吕调阳这人，外表很温和，内心其实有机辨。外貌很和善，但意志很坚毅。他对一切事情都不轻易发表议论，为人有原则，不肯轻易附和旁人的意见。他曾说过：'作为大臣，就应该同心协力，为国家出力。只要对社稷有好处的事情，哪怕是遭到嫌弃怨恨，也应该共同分担，怎么能还怀有彼此争斗的心思呢？要是各自心怀嫉恨，坚持自己的主张，而在朝廷上争吵不休，把国家的体面放到什么地方啊！我和老吕共事六年，对内一起辅佐皇上，勤于政务，对外参与机密大事的商议，'莫逆于心，莫违于口，六年如一日也'。"

可见，吕调阳是一个老实人，却不是一个毫无原则，甚至阿谀奉承之徒。张居正要防止的，只是出现过于强势的高拱一类人物，再次引起内阁的争斗。在此大前提下，他依然会选择德才兼备的人担任阁员。

除了吕调阳入阁之外，张居正还起用了一系列名臣。

比如在吕调阳担任大学士后，空出来的礼部尚书，就起用了陆树声。陆树声是嘉靖二十年的会试第一，比张居正早两届，曾经担任南京翰林院，南京国子监祭酒等。在当时，北京是首都，有一套行政班子，南京是陪都，也有一套行政班子，不过相对北京，地位上相当，权势上算得上闲职。后来在嘉靖、隆庆两朝，朝廷召陆树声为吏部右侍郎，陆树声都称自己生病，因此推托掉了。其中的缘由，当然可能是担心朝中的争斗太过激烈。因为嘉靖后期和隆庆年间，正是严嵩、徐阶、高拱、张居正等先后角逐的战场。可见陆树声算得上一位德高望重而又明哲保身、淡泊名利的高人。等到张居正当权之后，准备起用陆树声，陆树声照例还是推辞。这时候张居正便亲自登门，用晚辈的礼节敦请陆先生出仕。在张居正的诚意下，陆树声终于肯当官了。张居正依然坚持用后辈进见先辈之礼待他。

对于那些和自己不对付的官员，张居正也绝不留情。比如隆庆末期的户部尚书张守直，张居正与高拱之间的斗争，他没有参与，但在一些大政方针上，他每每和张居正意见相左。等到张居正的大权确立之后，也就待不下去了，直接致仕回家，王国光接替了他。王国光是个头脑开明而又相当务实的人，他在任上采取了一些改革措施，简化繁文缛节，节省了行政成本，提高了办事效率。他还采用了一些有效的办法，减少钱粮的消耗。张居正用的刑部尚书王之诰，是张居正的亲家，他的女儿嫁给了张居正的第四个儿子张简修。虽然如此，王之诰并没有因此阿附张居正，和张居正打交道时也能坚持自己的主张，称得上难能可贵。

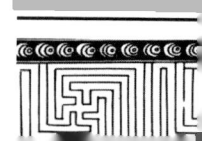

除此之外，工部尚书朱衡、左都御史葛守礼得到留任。朱衡是一个在政务和用人上都很出色的官员，他在河工治水方面颇有成绩，还提拔和支持过著名清官海瑞。葛守礼的操守道德也是众望所归的。总之，在张居正一手搭建的新班子里面，基本上都是德才兼备的人，这份名单，让天下人也没有话说。张居正也很得意地在给朋友的信里说，如今咱大明朝，皇上还是个年幼的孩子，可是朝中多是有德行的长者，岂不是盛世吗？

张居正的用人，大抵便是这样的风格。一方面，满朝都是长者，看上去确实和风习习。另一方面，也确实没有人能够对其造成威胁。不仅在万历初年是这样，就是在他当政的若干年中，也都是这样。他引入内阁的臣僚，都是绝无可能对他构成威胁的。除了吕调阳之外，还有张四维，也是张居正看来才能并不出众的人。后来他又引进了申时行和马自强。马自强过去曾经和张居正在一些观点上有分歧。但张居正依然在万历六年调他进入内阁，因为张居正知道他的踏实。这样的举动，让马自强对张居正非常感激，虽然他只当了几个月大学士就病故了。申时行继张居正之后，曾经担任了九年的首辅，称得上是有能力的一个人物，而且在个人主见和志向上，也颇有独到。只不过，张居正的这位副手是嘉靖四十一年的进士，从资历上比张居正差了整整五届。这就注定他的人脉和根基无法与张居正相匹敌，所以最终张居正还是安全的。

这些，都是张居正从高拱的覆灭上吸取的教训。内阁之中，一山难容二虎。要想保全自己的权势，把主要精力用到实现自己的变法梦想上，就必须防止出现竞争者。站在后世旁观者的角度，我们当然可以指责张居正，为了自身地位而没有完全去选举人才，甚至抑制了那些他认为可能对自己造成威胁的人才，算不上任人唯贤。但是在进行这样指责的时候，我们必须注意的另一个事实就是，张居正是要做大事的。他要对大明王朝进行改革，这样的改革，是一个充满艰辛、充满阻力的过程。在这个过程中，他必须披荆斩棘、浴血奋战，而且还要带动着满朝文武，一起向前隆隆推进。在这样一个过程中，如果来自阵营内部，还有种种尖锐的不和谐声音，那么将对整个帝国战车前进的路线，带来异常严重的后果。

为了这个理想，在最高权力上，不能允许丝毫不和谐因素的存在。这就是张居正最高的原则，也是他最高的道德。如何用人，只不过是为这个目标服务的手段而已。从这个角度看，或许我们便能理解张居正了。

即使带上这样的主观目的，张居正的用人大多数还是无可挑剔。道理很简单，因为张居正自己的手段太厉害了。这就意味着，当时整个大明朝的官员，可能只有少数是他无法控制的（至少在万历初年是如此）。所以，张居正在搭建人事班子的时候，也就游刃有余了。

但这种用人方略也存在问题，张居正用人最大的缺憾是没有为自己培养一个理想的接班人。他用的大都是某一方面的干才，而不是能主持大局的帅才。

不拘一格

古代中国是一个道德理想主义的国度，对道德十分看重。历朝历代选拔和考评官吏，德行都是重要的一环。比如汉朝时候选拔人才的一种途径，就是举孝廉，也就是选择孝顺的子弟来做官。大家普遍认为，朝官应该德才兼备，实在不能兼得，那么德为先，才为后，一个道德品行高尚、能力平庸的官员，远胜过一个才能出众但是贪赃枉法之徒。

这种思维是可以理解的，历朝历代也多是这么执行的。到了明朝，由于朱元璋的规定，官员薪俸微弱，几乎只能勉强果腹。所以大多数官员的手脚都不太干净，至少有来自各方面的灰色收入。虽然天下乌鸦都不白了，可大家还是打心眼里看重品行，对于廉洁（相对）的官员尊敬，而一旦被认为贪污腐化，其仕途也就要受打击了。

当然这只是一个理想化标准，具体要看是谁当政。比如说夏言当政时候，那真是贯彻得比较好；而严嵩当政呢，别提了，只要给严老送钱，一定吃不来亏。这样一来，当然是贪官比较得势了。

等到徐阶干掉严嵩，自己当上首辅，以前那种乌烟瘴气的局面，终于得到了比较大的扭转。徐阶之后的高拱、张居正，也都是有良知的宰相。

然而，要是认为有良知的宰相用人，就一定用道德高尚的官员，那可就错了。

比如说，在这三位比较好的首辅中，高拱算得上最清廉的。可是他的用人就能不拘一格。前面已经说过，殷正茂有军事才能，但好贪污，高拱仍让他去广西平叛，因为他虽有瑕疵，但能办成事。与其用一个完美的庸人，不如用一个有缺陷的能人。

张居正尽管是高拱的政敌，但他在用人上，继承了高拱的这种不拘一格的方略。

尤其，在技术性非常强的军事领域，张居正起用的，多是那些能力出众的将领，至于生活小节方面有瑕疵，他是不计较的。

其中最著名的，便是戚继光。

戚继光，嘉靖七年（1528年）生，万历十五年（1588年）死。字元敬，号南塘，山东登州人。祖上是朱元璋的亲兵，在大明朝建立后，被授世袭四品将军。

他的父亲戚景通是个能力一般，然而清廉勤勉的人。他官至神机营副将，成为明军中的高级将领，但因常年不收贿赂，也不喝兵血，所以家境很是一般。他还反复教导儿子，也要为官清廉，建功立业。

后来，戚继光成功地实现了父亲的后面一个要求，却无视了前面一个。

出生于这样一个地位高经济却一般的武将世家，戚继光自幼苦读私塾。十岁的时候继承了将军的职位，因家穷买不起车，一个四品武将又不好意思徒步出门，结果只好宅在家里了。

到十八岁，戚继光正式就任登州卫指挥佥事，管理着登州的数千人马。此时的戚继光，面对着死气沉沉的军营，只会拿出一些雷大雨小的整顿政策，基本上是束手无策。

嘉靖二十八年（1549年），二十二岁的戚继光考中武举人。

次年也就是嘉靖二十九年，他上京参加会试，恰逢俺答入侵北京近郊，武举们都披挂上阵。

在这一战中，严嵩表现了猥琐卑鄙的一面，徐阶显露出过人的手段，而戚继光的英勇作战也让他声名鹊起。同时流传的，还有戚继光的战略论文——《备俺答策》。此后，他被派驻蓟门镇三年。三年之中，戚继光苦读《孙子兵法》，边读边批，将经典理论联系自身的理解，终于锻造出自己特有的军事思想。

嘉靖三十四年（1555年），戚继光调任抗击倭寇的前线——浙江，任都司佥书。在这里，他勤于军备，提出了许多建议，终于得到总督胡宗宪的赏识，被任命为宁绍台参将，主管宁波、绍兴、台州三地的军事。

上任不久，千余倭寇进犯龙山。戚继光亲率一万多名士兵前去抵抗，结果两军相逢，数量是敌人十倍的明军，竟然一触即溃，抱头鼠窜！

又惊又怒的戚继光，决定孤身扭转战局。他登上高地，张弓搭箭，连连射死三名倭寇头目，使得倭寇阵脚大乱，开始撤退，明军也趁机转逃为追。

然而追了一阵，明军又都陆续回来。他们根本不打算把倭寇消灭！

在不久之后的另一场遭遇战中，他们再次在倭寇面前掉头逃跑，成为光杆司令的戚继光，几乎因此而死在倭寇的刀下！

面临着这样无能的军队，戚继光终于明白，要想取得抗倭战争的胜利，必须建立一支完全崭新的军队！

于是，戚继光开始了持续数年的练兵工作。在这个过程中，穿插着许多次与倭寇交战，也穿插着戚继光与他的上司胡宗宪和同僚俞大猷的智慧碰撞。许多书籍对此有叙述，此处无须赘述。

总之，戚继光建立了一支全新的戚家军。这支军队的士兵，都是从浙江义乌等地招募的，而且选拔标准严格，彪悍勇猛。

靠着这样的兵源，这样的军队，这样的阵法，加上个人出色的指挥才能和坚韧的毅力，戚继光成为沿海倭寇的噩梦。自嘉靖三十八年（1559年）至嘉靖四十五年（1566年），戚继光率领戚家军在东南沿海纵横千里，历十三战，每战横扫敌军，几近全歼，最大伤亡仅六十九人，敌我伤亡平均比例为三十比一，空前绝后，彪炳史册。

这位出色的将领，正是得到了张居正的支持，才得以尽展才华，建立不世功绩。

万历十年，张居正病死。随后，戚继光就被调离了蓟州，去了广东。戚继光明白，自己的时代已经结束了。于是他称病不出，不久后，随着朝廷清算张居正的浪潮迭起，戚继光作为张居正的党羽遭到弹劾，他便离职回了登州老家。万历十五年，戚继光病死。

虽然如此，在他的一生里纵横边疆数十年，击退了倭寇对东南的侵扰，挡住了蒙古鞑靼人对北疆的蹂躏，保全了千千万万民众的宁静，也维护了整个帝国的安宁，在历史上留下不世名将的美誉。此生如此，复有何憾！

戚继光，实在是张居正用得最漂亮的一个人。

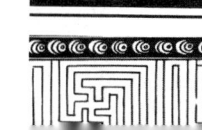

对海瑞敬而远之

张居正重用的戚继光，拥有出色的才能，也拥有报效国家的大志，因此最终成为名垂青史的民族英雄。

那么，另外一个和张居正同时代的人物，境遇则几乎与戚继光完全相反。他与戚继光的唯一共同之处，大概就在于报效国家的志向。可惜除此之外，他和戚继光却相去甚远。

这个人叫海瑞，在中国历史上，是与包拯齐名的清官。

在民间的评书和传说中，海瑞是一个聪明过人的大才子，因为刚正不阿，敢于和恶势力斗争，从而遭到了奸相严嵩的陷害。但他不屈不挠，终于斗倒了严嵩，伸张了正义。

然而事实上，这是美丽的谎言。海瑞并不是什么大才子，资质也就是中等偏上。更重要的是，他根本没有和严嵩斗的机会。那是民间艺人们，为了艺术的需要，才把明朝第一奸臣和第一清官，穿越时空来了个对峙。

海瑞其人，几乎与张居正同时代，张居正所经历的内阁斗争、帝位更替，海瑞都是局中人，甚至也在其中发挥着巨大的作用，故事还得从头说起。明正德九年（1514年），海瑞出生在海南琼山的一个书香门第。他的几个叔叔不是进士就是举人，可偏偏他爹海翰，在海瑞仅仅四岁的时候，就顶着秀才的名头去世了。海瑞只能与母亲相依为命。

虽然家中有人做官，海瑞母子却过得十分贫穷困苦。母亲每天做针线活补贴家用，让海瑞努力读书，还用一些道理教导他。

在这种压抑的环境下，海瑞养成了独特而极端的个性：十分方正和枯燥，但又十分倔强。书中的大道理，完全融入了他的脑海，并成为他灵魂的色彩。

虽然学习努力，但海瑞天资平平，直到嘉靖二十年（1541年），才以二十八岁的年龄考入了县学，成了秀才。这时候，比他小十一岁的张居正，已经考上举人了，比他大一岁的高拱，刚刚考上进士。

接下来，又经过多次屡考不中，海瑞终于在三十六岁时考中举人。此时是嘉靖二十八年，张居正已成为翰林院编修，严嵩也已取代夏言当权。

按民间传说，海瑞斗严嵩的故事就在此时。但真实的海瑞没有去斗严嵩，他在继续考进士。连续两届考不中，他放弃了，于是去吏部报到。

在当时，举人和进士都可以做官，但举人做官，第一实缺少，第二官职差，第三做官的环境险恶。但凡进士出身，立了功有人记，出了事有人保，从七品官做起，几十年下来，起码能混个从五品。要是举人，功劳总是别人的，黑锅总是自己的，从九品干起，退休能混到七品就算不错了。张居正的改革中，有一条就是要消除用人时的差别歧视，对举人官和进士官一视同仁，可惜这一条改革当时还没开始，而且最终也没有成功。

海瑞被分配到福建南平县担任教谕，管理县学。这是个根本没品的官，海瑞却做得风生水起。如前所述，当时的大明朝，秀才横行，县学里那帮生员很多都喜欢乱来。但海瑞一到，就对学

生们加强管理，严格考勤，对违反纪律的加以惩罚，因此被学生冠上了"海阎王"的称号。

但学生们发现，海阎王也有好处：从来不收取学生的礼金，而且待人公正。所以，学生们对他又怕又敬。

有一天，延平知府来县里视察，进学堂时，海瑞的两个助手都下跪行礼，海瑞却昂然而立——根据他的考证，教育系统的官员见了地方官是不需要下跪的。这让知府有些郁闷，又给海瑞起了一个绰号——山笔架。

不久之后，一位巡按御史前来考察地方政绩。巡按御史品级虽低，权力却大，总督、巡抚见面都要唯唯诺诺。在知府的陪同下，御史来了南平县。知县带领全县公职人员，在城门口下跪相迎御史大人。唯有海瑞，依然鹤立鸡群地在人丛中站着。事后，御史闷闷地走了，知府胆战心惊地走了，知县把他叫来大骂，他毫不在意，依然坚持他那一套理论。

就这样，在绿豆大的官位上，海瑞不图升官，不图发财，一心把工作干好。才能或许不出众，用心却非常专注。得罪了上峰，也做出了成绩。

所以到嘉靖三十七年，也就是徐阶向严嵩试探性进攻之时，四十五岁的海瑞被提升为浙江淳安知县。连升六级，只因为一腔忠直，名声在外。

到淳安县之后，海瑞继续他的传奇。他严厉整顿吏治，约束部下，为民申冤，同时他竟然把二百年来早已成为惯例的灰色收入全部废除，逼迫全县官吏和他一起靠朝廷那点微薄的俸禄过日子!

全县官吏顿时陷入恐慌。他们千方百计向海瑞施压,甚至消极怠工。面对压迫,海瑞全然不顾。他自顾自穿着破旧的袍子,徒步行走在县城里,吃着朝廷的俸米和自己亲手在后院种的蔬菜,安抚百姓,审问案子。工作异常辛苦,生活异常艰难,他却怡然自得,因为这是责任所在。

最后淳安的官吏们屈服了。他们在海县令的领导下开始了史无前例的艰苦奋斗。淳安百姓的生活则蒸蒸日上,他们都歌颂海瑞的善政。

就在这个位置上,海瑞又干出了两件惊天动地的事。

一次是抗倭英雄总督胡宗宪的儿子在江浙四处巡游,一路吃拿卡要。路过淳安时,因为嫌弃驿站的招待不好,竟然把工作人员吊起来打。

海瑞勃然大怒,带着衙役冲过去,将胡公子也抓起来痛打一顿,并且没收了随行的金银。然后,海瑞把胡公子送到胡宗宪那里,还写了一封信给胡总督,大意是说,您是一位清正廉明的官员,以前也曾教导我们,要厉行节约,不能浪费。然而这次,竟然有恶徒假冒您的儿子,到驿站里要吃要喝,殴打官吏,败坏您的名声。因此我把此人逮捕,送给您发落。

这个故事,被改编成戏曲、评书,流行在民间。

另一件事,是严嵩的另一个党羽,都察院左副都御使鄢懋卿,在嘉靖三十九年被皇帝派为钦差,到全国各地视察盐政。此人品格低劣,所到之处吃喝嫖赌,勒索地方,偏偏还要装模作样

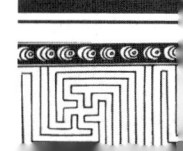

地四处发公文，说自己素来俭朴，要求地方接待莫要浪费。海瑞听说此事，便写了一封信给鄢大人。信中先引用鄢懋卿自己的告示，吹捧他清廉洁身；随后笔锋一转，说另有传言，鄢大人所到之处，各地接待都非常奢华。淳安县财政匮乏，如果这样，那是真接待不起了。到底如何是好，请鄢大人明示出路！

这封信软中带硬，冷嘲热讽，鄢懋卿气得七窍生烟，但又无计可施，干脆绕道，不去淳安了！

所以，海瑞虽然没有如评书中那样斗争严嵩，倒是和严嵩的两个党羽小小来了这么几下。

不同之处在于，胡宗宪虽然是严嵩一党，但却是个以大局为重的好官，收到海瑞的信，心头虽然郁闷，也知道是非。他没有报复海瑞，反而把自个儿子责备一顿，也就算了。

虽然贪廉有别，但胡宗宪和海瑞一样，都是想为国家做事的人。

然而鄢懋卿却不是好东西。他被海瑞恶心了一把，就一心报复。在三年任满后，海瑞因为治理地方政绩优秀，本来该被晋级，却遭到了鄢懋卿手下御史的弹劾。这是一次有预谋的陷害，但正直的海瑞，也有欣赏正直的人来扶持。吏部侍郎朱衡就是这样的人。在他的保护下，海瑞最后不升不降，平调到江西兴国县担任知县。

海瑞换了个地方，继续他的原则：勤政廉洁，苛待自己，也苛待官吏，而让当地百姓的生活越来越好。

到嘉靖四十三年，徐阶打倒了严嵩，严嵩一党被钉上耻辱柱。这个时候，海瑞曾经逮捕胡宗宪儿子，以及被鄢懋卿陷害的历史，反过来成为对抗严党的光荣事迹。再加上他这史无前例的清正廉明，早已声誉天下，于是又被提拔为正六品的户部云南司主事，成了接近中级的官员。

这样，不懂得讨好的海瑞，竟然在官场上一路晋升，短短几年已经超越了大多数举人同学的终身成就。

海瑞的脾气依然那样刚烈。在嘉靖四十五年二月，一心修道成仙的嘉靖皇帝，接到了这位六品主事的一封奏章，这便是前文中所说的、几乎让海瑞绝命的《治安疏》。

明朝官员骂皇帝，本来并不稀奇，何况徐阶打倒严嵩之后，开放了言论自由，臣下对嘉靖皇帝的批评也并非少见。但是这些批评大多是隔靴搔痒，轻轻点拨几句，留个直言进谏的名声。而且，批评嘉靖国政的有，却无人敢指责他修道——这是六旬皇帝几乎仅存的乐趣了。

然而海瑞却不能容忍这一切。他慨然入朝，送上了一篇千古奇文，将嘉靖皇帝骂得狗血淋头：

您一心修道，搜刮民脂民膏，滥兴土木，二十多年不上朝，让法纪松弛。您对一些鼠辈滥加封赏，让朝廷的名器也贬值了。您听信道士的鬼话，长期不和您自己的两个儿子见面，这是伤害了父子之情；您因为猜忌和诽谤对臣下杀害的杀害，侮辱的侮辱，这是伤害了君臣之义；您成天在西苑，不回后宫，这是伤害了夫妇之恩。您的胡作非为，造成贪官污吏横行，民不聊生，水旱灾难迭起，四方盗贼猖獗。陛下您想想，如今这天下，算怎么一回事啊！

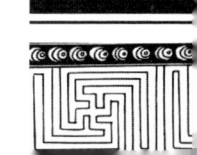

古代的君王有错误，靠大臣们来纠正，而您呢？无非是修斋建醮，仙桃天药，搞这些封建迷信活动！而且还建宫筑室，购香市宝，铺张浪费。更可恨的是，您做错了事，满朝大臣也就顺着您做错事，竟然没有一个人肯为陛下说真话，只知道一个个当面阿谀奉承，背后说闲话，这不是欺君之罪吗？而且陛下您的错误太多了，最大的就在于修道。您修道是为了求长生不老，可是自古以来，圣贤说修身立命应该"顺受其正"，您啥时候听说过有所谓长生之说啊？古代的这些贤君，什么尧、舜、禹、汤、文、武，算得上圣贤了吧，他们也没能多活多久。而汉、唐、宋时代的方士，他们又有谁活到了今天？之前有个陶仲文，您不是很信任他吗？他不是教您长生不老术吗？他不也死了吗？这些封建迷信的东西，都是一群奸人捏造出来哄骗陛下的，而您居然就信了！

总之，在这封奏章里，海瑞不但踩了嘉靖修道的老虎尾巴，还骂了群臣阿谀奉承，而且几乎否定了嘉靖皇帝数十年的人生。从古到今，骂皇帝的文章何止千万，哪有一篇骂得这样刻毒，这样不拿自己当外人？

毫不奇怪，嘉靖皇帝因而暴怒。他把文书扔到地上，大吼道："快派人去把他抓起来！"

好心的太监黄锦，在旁边轻轻说道："这个人是有名的神经病。听说他在上这封奏章时，知道自己罪该万死，已经买了棺材，诀别了妻子，遣散了仆人，在朝房里等待问罪了。他大概是不会逃跑的。"

听完这话，嘉靖皇帝一愣，接着捡起奏章，又看了起来。在奏章的后面，他看到了这样的话："如果陛下能知道修道成仙的荒谬之处，幡然悔悟，每天上朝，和宰相、侍从、言官他们讲求治理天下的事务，纠正几十年的错误，陛下您就可以置身于尧、舜、禹、汤、文、武这样的明君之间了。而诸位大臣，也可以洗刷几十年阿谀奉承的耻辱，置身于皋、夔、伊、傅这些贤臣之列。这样的话，天下何忧不治，万事何忧不理？这些，都在陛下的一振作间而已！"

从这封骂得极其难听的奏章里，嘉靖皇帝看出了愤怒，也看出了正直、忠诚，还有勇于牺牲。嘉靖并不是白痴。他叹了口气，对左右说："这个人算得上比干吧，可惜我不是商纣王哩。"

于是海瑞被关押起来。后来嘉靖皇帝情绪不佳，想起海瑞的骂章，又发脾气要把海瑞杀掉。幸亏徐阶在旁开脱了几句，海瑞才免除一死。

这就是海瑞，一个名声大于才能，而气节大于名声的直臣。在满朝文武都在嘉靖的威严下拐弯抹角地说话，徐阶和严嵩为了斗争而竞相奉承皇帝的情况下，只有他挺身而出，用最不给面子的形式，劝谏了嘉靖皇帝。因为在他心中，为民请愿，就是为官的本分；劝君直言，就是为臣的本分。至于其他的，什么功名富贵，乃至生命，都可以为之牺牲。

正如他的号"刚峰"：壁立千仞，无欲则刚。

这个时候，张居正正在掌翰林院事。他对海瑞的勇气和胆色，充满了敬佩。但这种作风太冒进了，就像当初的杨继盛，足以在历史上留下壮烈的名声，却未必能真正起到多大作用。

真正打垮严嵩的，不是同年杨继盛的舍命弹劾，而是徐阶老师的长期隐忍。就说这次海瑞的进言吧，如果没有徐阶老师的斡旋，如果当权的还是严嵩这种奸臣，他不也早被皇帝杀掉了吗？

所以，张居正对海瑞，未必有太多的赏识。更何况，这时候他正在为好朋友高拱和老师徐阶之间的争权夺利而左右为难呢。

十二月，嘉靖皇帝病逝。如前所述，徐阶利用那一个夜晚，果断地带着张居正写下遗诏，确立了自己的政治地位，从而给了高拱一个下马威。而就在一天之后，当死牢里的海瑞得知嘉靖皇帝去世，牢头都向他道贺时，这个曾痛骂皇帝，以致自己差点被杀的海瑞，竟然号啕大哭。嘉靖去世，隆庆登基。海瑞果然被释放，并且官复原职。由于他举世公认的忠直、廉洁、诚实和无所畏惧，这个没有什么大背景的举人，已经成为整个帝国官员的道德典范。徐阶很欣赏海瑞。这个惯于隐忍、妥协的宰相，对于海瑞的刚直不阿，有着非同寻常的好感。因为他也曾"愤青"过，只不过后来屈从于更大的目标而改变了。于是，在徐阶的授意下，海瑞首先晋级为正五品的大理寺丞，专管审案；不久之后，又当上了正四品的都察院佥都御史，成为帝国的高级官员。徐阶认为，海瑞顽强、清廉，虽然机变不足，但应该能作为张居正的得力助手，帮他治理帝国吧。我退休之后，也能有个依靠了。

对于徐阶的这种安排，张居正稍有些不以为然。他还是认为，海瑞虽然忠诚刚正，但是太不会来事了。放在较低的职位上，或许能够秉持原则，干得很好。但更高的职务，或者更有实权的职务，并不是仅仅靠忠诚和原则就能圆满完成的。

随后的一件事情，似乎证明老师的眼光比学生好。那是在隆庆元年，徐阶和高拱的斗争进入白热化。高拱部下的御史齐康（明史作刘康）上书攻击徐阶。原先沉默观战的海瑞，忽然出来发表了自己的观点。他说："徐阶侍奉先帝（嘉靖）的时候，没有纠正先帝修道炼丹的错误，畏惧天威，只图保全自己的地位，这确实不对。然而他自执政以来，忧国忧民，勤勉政务，气量宽宏，有很多值得赞扬的地方。齐康甘心给人当走狗，乱咬好人，罪过比高拱还大！"

这就是海瑞风格的辩词，短短几句，开头照例把徐阶也批评一顿，然后称赞徐阶，驳斥齐康，顺带把齐康的幕后老板高拱也给狠狠戳了一下，既客观公正又铿锵有力。前面说过，海瑞在当时已经是道德典范，是公道与正义的化身。由他出面这么一说，自然给了高拱一党以沉重打击。而且，高拱还不敢和他对骂——连皇帝都敢骂的人，你惹得起吗？

张居正呢？他理解老师的心情，感觉却没这么好。首先，他既是徐阶的学生又是高拱的朋友，徐、高二人的斗争无论谁胜谁败，他都会有所不忍。更重要的，高拱在海瑞的攻击下，这种任人宰割的状态，让他有些毛骨悚然：这个道德典范，要是他反对我呢，我该怎么办？

张居正在用人上，与高拱水平相当，而胜过自己的老师徐阶。对海瑞的看法，大约和他相对中立的立场有关吧，正所谓旁观者清，当局者迷。

从海瑞那里尝到甜头的徐阶，进一步相信自己的眼光。他继续提拔海瑞，又让他当历任南京通政司右通判。这是一个相对闲职。海瑞一心想为国家出力，表示自己不能胜任这种清闲的工

作。当时徐阶已经退休，但依然拥有强大的政治影响力。他理解海瑞为国立功的急切，于是在徐阶的默许下，海瑞于隆庆三年（1569年），被任命为应天巡抚。

徐阶走出了一步错棋。

海瑞在应天府的上任，引起了极大的恐慌。各级官员惶惶不可终日，平常贪污受贿的纷纷离职逃跑。大户人家也都关门闭户，装穷叫苦，还把朱红色的大门漆成黑色。负责监督江浙一带纺织工程的太监知道这个消息，也赶紧把自己坐的八抬大轿换成四人小轿，溜之大吉。

海瑞上任之后，锐意改革。他不懂得什么权术，什么派系，什么官场恩怨。作为一个地方官，他只想把他看到的不公平，不合理加以改变，为老百姓创造更好的生存环境。

海瑞做的第一件事是疏通吴淞江、白茆河，使之畅通地流入海洋，老百姓也得到了水利的好处。这是工程层面的。

此外，他规定辖区内成年男子从速结婚，不愿守节的寡妇应立即改嫁，禁止溺杀婴孩。巡抚出巡各地，府县官不得出城迎接，供给的伙食标准为每天纹银二钱至三钱，可以供应鸡鱼肉，但不得供应鹅及黄酒。公文要使用廉价纸张，并且节约用纸。若干奢侈品要停止制造，包括特殊的纺织品、头饰、纸张文具以及甜食。他还整顿辖区内的驿站，裁省费用。

最后一件事情，则要复杂得多，那就是整顿土地。

明朝中后期的大户兼并土地非常严重，一般小户人家，往往田地被夺走，失去谋生的手段。海瑞立誓要抑制大户兼并。他在衙门张榜公布，欢迎百姓前来申冤鸣不平。尤其对那些恃强凌弱，夺取别人土地的地方豪强，海瑞严厉打击，责令他们把强占的土地退还给原主。

在海瑞的鼓励下，状纸潮水般涌向巡抚衙门，最多时一日竟达三千多封。海瑞飞快地一一断案，大多数都是判穷人胜诉，富人败诉。大量被富人强占的田地退还给了原主。这其中当然造成了一些冤假错案，比如有的确系邻居间用田地做抵押借款，之后无力偿还而造成土地转移，却被海瑞判原债主退还土地；还有一些刁民借这个机会，巧取豪夺了富人的田产。

不过总体来说，海瑞对土地的清查，给广大平民解决了不少麻烦。

他自己却面临了新的麻烦。因为应天地区最大的地主，竟然是他的救命恩人徐阶。他的儿子更是仗着老爹权势，在地方上肆意横行，圈占了数万亩田地。

于是海瑞要求徐阶将多余的土地退还了！

早已惯于隐忍的徐阶，看到自己一手拯救和提拔的清官送来的逼债书信，最初诧异，后来释然。他理解海瑞的做法，于是也退了一部分地。

然而海瑞觉得不够。他拿到了徐阶的退地，却进一步表示，徐大人，您还是把所有强占的土地都退了吧。

这下徐阶可有些不高兴了。他写信给海瑞，希望他念在往日情谊，就当还我的人情吧，别再逼我退地了。

海瑞接到信，莫名其妙地摸摸脑门：人情？我只知道当了朝廷的官，为天下百姓谋福利，什么叫人情？

好脾气的徐阶终于明白自己犯了多大的错误。出于一时气

愤,他指责了海瑞,并且表示自己不再退还土地了。而海瑞当然也不肯示弱,继续对徐阶施加压力,双方陷入僵持。

张居正发觉有些不妙。他在海瑞就任应天巡抚之前,就曾多次写信给徐阶的儿子和地方官,希望他们好自为之。没想到,一贯隐忍的老师,竟然也走入了意气用事的误区。

赶紧去提醒老师吧,已经来不及了!

早已对徐阶虎视眈眈的高拱,对这天赐的良机,岂肯放过?他早就想置徐阶于死地,但因为徐阶势力庞大,要是贸然出击,恐怕自讨没趣。

如今,徐阶提拔过的海瑞,竟然咬住了徐阶,还不赶紧打蛇随棍上,更待何时?

于是,高拱对海瑞的举动表示了支持,并且严厉斥责徐阶这种贪婪敛财,不顾朝廷体面的行为。海瑞得到鼓励,攻击得更来劲了,还逮捕了徐阶的弟弟徐陟。他却浑然不知,自己做了高拱的敢死队和工具。

在海瑞只问对错,不管利害的勇猛攻击下,徐阶本已方寸大乱,哪里还挡得住高拱的暗箭?很快,他全线崩溃,从此陷入高拱的掌握之中,儿子被抓,家产被抄,自己则完全丧失了政治影响力。直到在隆庆五年向高拱认输,才勉强保存了晚年的体面。

张居正毫无办法地看着这场闹剧。他为老师徐阶的悲惨命运而郁闷。对于甘被他人当枪使的海瑞,他并不恨,他知道海瑞只是为了匡扶心中正义。但对这个正义卫士的能力和可能产生的价值,他算是刮目相看了。

另一方面,海瑞被高拱当枪整倒严嵩之后,继续孜孜不倦地进行他抑富济贫的活动,却不知这样的举动,渐渐得罪了越来越多的士大夫——因为他们多半都是富人和豪强。

于是,海瑞也开始遭到了接连的弹劾。最后,到隆庆四年,海瑞被调离了应天巡抚位置。他在这个职位上八个月,满怀希望而来,最终却失望而去。他的离开,让当地的缙绅富豪弹冠相庆,而平民百姓则号哭着送别这位海青天,还把他的画像挂在家里纪念。

这时高拱已经成为内阁的实权人物。海瑞帮他斗倒了徐阶,但他清楚,满脑子正义又不怕丢官又不怕丢命的海瑞,绝不是自己能控制得了的。高拱本人又是很有报复心,隆庆元年海瑞帮着徐阶骂他的情形还在脑海中。所以,他把海瑞调到了南京户部的闲职上。

海瑞对此当然非常不满。在他看来,自己在应天的改革刚刚开始,怎么就给调走了,这不是半途而废吗?抗议无效之后,海瑞又开始骂人了。

如果说上次骂嘉靖皇帝,在深度上已登峰造极,那么这次的记录则表现在广度上——他骂了整个朝廷的大臣。在一封奏疏中,他创造了新的经典骂语——"举朝之士,皆妇人也"!要知道,那时候骂男子为"妇人",是极其恶毒的,诸葛亮送妇人衣裙给司马懿,算是相当厉害的激将法了。

面对着海瑞这毒辣的人身攻击,满朝哗然,但以往为一点小事就吵闹不休的大臣,却没一个人敢出来反击。毕竟,海瑞太生猛了,要是和他对骂,那是在以卵击石啊,自己能讨了什么好?

一片沉寂中,只有两个人说话了。一个是当时的首辅,老实

人李春芳。李春芳用一贯的和稀泥口吻说："按照海瑞的这个说法，我大概也算个老太婆吧？"

另一个人则是此事的最大受益者高拱。毕竟是眼光犀利，善于用人的天下奇才，高拱的评论相当中肯："海瑞所做的这些事情，并非都是坏事，但也不全是好事。恰当地说，海瑞是一个不太能做事的人。"

张居正没有对此发表看法，但他心里同意高拱的话。

海瑞有着和我一样匡扶国家的热情，还有着我所不具备的不顾一切的牺牲精神。然而光凭这牺牲精神，能做什么呢？只会莽撞地把事情搞坏！

在较低的位置上，海瑞还可以用忠诚和坚毅来弥补才能不足，可是在更高的位置上，需要机变、协调和适当的妥协，在高位是不能指望这样的人的！

张居正在心中，对海瑞下了这样的结论。

因为与实权当政者高拱的不合，海瑞在隆庆五年（1571年）辞职，回到了海南老家。

又过了一年，隆庆皇帝去世，万历皇帝登基，张居正联合冯保驱逐高拱，成为新一代的首辅。朝廷用人的大权，也落在了他的手上。

这时，已经五十九岁的海瑞，仿佛又看到了希望。在海瑞眼中，张居正是一个出身寒门的人，也是一个有原则的人，不像高拱那样心胸狭隘。况且，在很多政见方面，张居正和海瑞有一致之处。比如他们都主张抑制土地兼并，节约政府开支，兴修水利，等等。

再加上，张居正的变法打着的是恢复祖宗法度的旗号，就是说恢复明太祖朱元璋的旧法。而海瑞，恰好是朱元璋的狂热支持者，他甚至希望恢复朱元璋对贪污犯剥皮的酷刑。

所以，海瑞把张居正当作自己的知己和同道，他给张居正写信，表达了自己愿意为张居正变法出力的想法，还对变法提出了一些具体的建议。

张居正拿着海瑞的信，踌躇片刻。他踌躇的是怎样回绝海瑞。

所以在回信中，张居正表面上对海瑞遭到高拱的迫害表示了同情，称赞海瑞的忠勇和刚直不阿。但言下之意，却全是在打太极，您大才难以小用，我这里实在容纳不下。

就这样，在张居正当权的十年之中，海瑞一直赋闲在家。六十岁以上的老人，满怀报国壮志，却得不到舒张，想必也会不爽吧。

所以，民间盛传着张居正因为徐阶的缘故嫉恨海瑞，或者张居正害怕海瑞刚正的流言。甚至，当万历五年张居正父亲去世，朝野为了他该不该暂时放下政权去守丧发生争议时，在南方，有人写了一篇弹劾张居正的文章，就假托海瑞的名，到处流传着。

直到万历十年（1582年）张居正去世，海瑞始终未得起用。万历十三年，七十二岁的海瑞终于再度出山。经万历皇帝亲自批示，海瑞被任命为南京都察院佥都御史。

在南京，每日围在海瑞府邸门口的人群如潮水一般，其中不乏从很远处过来的。而更出奇的是，里面很多人并不是有求于海瑞，或者想申冤打官司。他们只是想来看一看心目中的青天大老爷。

饱受拥戴的海瑞，又上了很多道整顿朝政的奏章，提了很多

偏激的建议。万历皇帝把这些建议直接否决，然后给海瑞继续升官，一直升到了南京都察院右都御史（正二品）。海瑞在这个闲职上待到离世。

万历十五年（1587年）冬，海瑞去世。他的最后遗言是把兵部多送的柴火费——六钱银子退回去。为官三十年，官居正二品，他的全部遗产还不够办丧事用。

然而听说海瑞的死讯后，南京数以万计的百姓，自发地为他守孝，满城号啕大哭之声不绝于耳。到出殡的时候，沿江为海瑞送葬的人排了上百里，整整一日，无人离去。海瑞的葬礼，足以震撼千古。

相比张居正死后的种种非议，海瑞在这一方面，获得了完全的胜利。

然而，张居正对海瑞的弃用依然是明智的。他与万历皇帝不同。万历皇帝需要的仅仅是安稳的江山，所以他可以把海瑞当作门神一样供起来（正如那些崇拜海瑞的百姓一样），让他发牢骚，自己并不因此受损。

张居正要从事的，是对整个帝国的大手术。这个过程中，很多环节相互关联，牵一发而动全身。他需要的是能干和听话的属员，能够帮助他解决实际问题。

所以，对清廉而无畏的海瑞，张居正也只好敬而远之了吧。

第六章 复杂性格

张居正是一个性格复杂多面的人物，他城府极深，性格坚毅，不怒自威，既有豪气又有傲气，还间杂流气。低贱的出身，官场的纷争，强手对峙中的角逐，种种不利因素，都能成为他积蓄力量，提高权力和威望的台阶，这是他性格中的主导面。然而他也有蛮横、短视、气馁的时候，这深藏在内心深处的负面因素，限制了改革事业的深化，也预设了他身后一败涂地的陷阱。

恩怨分明

张居正的一生，在治理国事上，他的举措近乎完美，让人难以揪出错误。而他身故之后，家族迅速覆灭，他本人也成为历史上颇具争议性的人物，这都与他复杂的性格有关。

钢铁般的意志是张居正性格中的精粹，他就是以这样的铁腕手段行事、执法，镇压动乱和打击反对派。他崇尚军事家孙武用兵法治理国政，推行以杀止杀，以刑止刑，"盗者必获，获而必诛"的主张，给敌对势力以无情的镇压。并以打击的强度考核官员，遇有镇压不得力的，一概杀无赦。所谓"约束不明，申令不熟，是将领之过；约束已明，申令已熟，而士兵不尽力，是士兵之过，杀之无赦"。这一杀气腾腾的指令，以立法的形式驱使官吏肆无忌惮地镇压一切不服从朝廷的政见和动乱。

他还放手任用酷吏治理边远地区。殷正茂是个心狠手辣的枭雄，为人贪酷，名声不好，任用他遭到多人反对，可张居正认为只有他才能解决问题，力排众议，任命他为两广总督。殷一上任即大张旗鼓地镇压蓝一清、赖元爵起事，杀了上万人，平息了这一风波。张居正在给他的信中，不无得意地说："平复南方乱事，立下大功，官员士大夫都佩服公之雄才，也相信我的知人之明。"

万历元年（1573年），张居正刚上台，就面临广东潮州一带的反明势力的叛乱，他在给殷正茂的信中嘱告：南方盗贼犹如野草，铲除又复再生，自古以来南方将领做不到一举荡平。今当申严法令，调动兵力，斩草除根，"见贼即杀，勿复问其向背"，倘有违反者，一律按军法处置，斩首示众，让怀有异见之人胆战心惊，不敢不听命。要不惜一朝之费，确保永世的安全。

"见贼即杀，勿复问其向背"，这是非常残酷的镇压理论，用战争时期形成的孙子兵法来治理和平时期的内政，必然崇奉暴力。综观张居正的内外政策，除了对蒙古俺答实施优抚外，对境内的动乱和治安，不论是起义还是偷盗，是正义还是非正义，均力行诛杀，从不手软。

万历五年（1577年）徽州织丝机工抗税，张居正认为：此事虽然由于殷正茂处理欠当，引起骚乱，但既然圣旨已出，就不准申诉。他明知这是由官府处理不当而引起的纠纷，本可以协调解决，却坚持不让申诉，只是因为旨令业已颁布，为了不使天下效尤并保住朝廷的脸面，照样施以镇压。闹事的机工因此冤沉海底。

他不是不明白事理之人，有的见解也符合民意，例如，他认为地方动乱之原因，往往是不良官吏的惹是生非。但他考察官吏以功实为准的实质，实际上重视的仍是镇压是否得力，公然鼓励施暴。毫无疑问，有些小股起义乃是弱势群体对压迫的反抗，在他看来，不论起因如何，只要冒犯朝廷，一概杀之无赦。以暴力彻底摧毁任何有可能发生的反抗，巩固明王朝的统治才是他最终

的目的。

张居正镇压民变，主张禁于未发，制于未萌。他曾向君主进言：要保持权位的稳定，就要密切注意刚露头的星火，一举扑灭。

对于镇压，张居正可以做到不惜工本，务求一鼓荡平，斩草除根。广东岭西的山民从嘉靖时期就有反抗朝廷的活动，延续数十年不断，当地督府请求再次讨伐，朝臣多认为山高路远，地处荒僻，难以平定。张居正亲自调兵遣将，出动三十万兵力一举讨平，并宣告："此后倘有根芽再萌，旋生旋除，决不手软。"

叛乱的平定，给张居正带来莫大的兴奋，万历元年（1573年），四川巡抚镇压九丝山都掌蛮获得成功，他在贺信中连连称道："喜甚！喜甚！"自述"闻九丝捷音，不觉屐齿之折"，一听到捷报传来，高兴得欢呼雀跃，不觉鞋齿都被折断，这样嗜好镇压和诛杀之功，是一种魔鬼般的心情。所以他不恤人言，对反对他的同僚痛下毒手，逐出京城，毫无怜悯之心。

然而，人的性格是复杂的，张居正有冷血的一面，也有温情的一面。他是个知恩图报的性情中人。湖广巡抚顾璘是最早赏识他的伯乐，对于恩人的苦心栽培，张居正铭记在心，尽力图报。隆庆初年张居正进入内阁后，立即给去世的顾璘追加恤典，并托付南京提督学政关照顾的家属。顾璘生前最疼爱的儿子是顾峻，由于是庶出，担心日后为家族不容，拜托张居正照顾。张居正对此念念不忘，万历二年（1574年）张居正亲自帮助顾峻排解家族纠纷，使其顺利得到荫庇。万历四年（1576年）顾峻应选，张居正又派官船供其遣使。他一再表白自己能有今日，都是顾公所赐，于是尽最大的努力，兑现了顾璘的生前嘱托。

对于徐阶，张居正几乎以一生的努力给予回报。徐阶罢官后畏惧高拱不放过自己，面嘱张居正"家国之事，一以奉托"。张居正心知肚明，不仅在徐阶儿子犯法时，保全了他的幼子和谋生的财产，又尽力加以抚慰，不惜得罪权势正盛的高拱，曲意呵护。如今见到的《荆州府志》是这样记述的：张居正得罪高拱，是为了救徐阶。徐阶是他的老师，托他照顾家事，就是担心遭受高拱的报复。高拱出任首辅后，徐阶果然蒙祸，三个儿子被放逐，家产被抄，是张居正暗中保护，才使其免除牢狱之灾。隆庆皇帝死后，张居正趁机除掉了高拱，为徐阶消除了心头之患，这可谓国士之报！张居正岂不与高拱交好？怎奈这两人一是老师，一是朋友，权衡之下也就不能兼顾了。

说张居正与高拱的矛盾是出于维护徐阶，未免把复杂的事态简单化，但可说明张居正并未因为徐阶的失势而倒向高拱。万历十年（1582年），张居正已经病危在床，适逢徐阶八十寿辰，为作贺寿文，他拒绝家人请人代拟的建议，执意亲自执笔起草。临终前又上疏请求给予徐阶优礼耆老的待遇，他历数徐阶的功绩说："当嘉靖末年，奸臣当道，时局败坏之际，是徐阶在乱政之后，矫枉以正，矫浊而清。惩治贪官以安民生，制定规章，核算经费，扶植公论，奖励人才。一时朝政修明，官府振肃，海内得以太平无事，这都是徐阶之力。"把改革的头功归于徐阶，表现出他对恩师的情深义重。

张居正对高拱并非没有同情之心，在高拱遭难时，赠以重礼，处理善后也留有余地。高拱回乡后，郁郁寡欢，有一次派仆人到京师旧居中取些日用器具，张居正得知后，找到来人，详细询问高拱的近况，因得知高拱晚年凄凉而动情落泪，并赠以价值千金的玉带、银两和日用品。

　　万历六年（1578年），张居正回乡葬父，路过河南，探望病重的高拱，两人相视而泣，这年高拱去世，高夫人上疏请求给予恤典，并给张居正呈送千金重礼。恤典，这是朝廷给去世官员以追封、树碑、立坊、建祠的示哀典礼，非是有功之臣，很难得到这种待遇。对于高夫人的礼物，张居正坚持不收，送礼人哭着哀求说："夫人要我转告先生，相公平生清廉，所爱的就是这些收藏，又无子孙可继承，送给先生，是希望先生见到此物，如见相公。"张居正听后大为感动，收下礼物，很快下了恤典。

　　张居正与高拱既有权力的斗争，也有感情交好的因素。当一个人还没成功时，他可能是不宽容的，但他当处于事业的巅峰，自我价值得到实现，他可能会表现出人性高尚的一面。这是很好理解的。张居正位极人臣的时候，高拱不再是他的障碍，随着衰年的到来，往年的恩怨都成了宝贵的回忆，人生的滋味分外丰富起来。这个时候，慰问老迈的伙伴，恤典告慰亡灵，不能说没有真情。

　　不管怎么说，张居正是一个很讲义气的人，是一个有恩报恩、有怨报怨的人。

权势太盛

张居正的家居生活相当奢华，这既是他的追求，也是当时的社会风尚。

晚明社会，商业繁荣，社会上流行奢侈的风气。富家大族，钟鸣鼎食，雕梁画栋，自不必说，就是一般市民，也攀比竞奢，追求享受。

张居正也不能免俗，他素爱整洁、喜好修饰，早晚都要抹香脂，衣服华丽耀目，每日必换一套，所到之处香气缭绕。他癖好收藏古玩，当时赝品甚多，却没有人敢欺骗他，所以其收藏的多是精品，但尚未发现他以权掠夺的记录。

在工作中他治国理财严明，在生活中他追求奢华和排场，这是他性格多侧面的表现。

当然，张居正算不是贪官。张居正被抄家时，发现他的财产远不及宦官冯保，只相当于严嵩的二十分之一。原本想在抄家中获得意外之财的神宗，也未免大失所望，这似乎已能说明张居正为官尚有操守。

万历三年（1575年），张居正批评郧阳巡抚刘虹川为求提升送礼的行为时说："古人言，取不义之财，犹如将自己置于深沟，难道你要将我推入深沟？以你的抱负，又当盛年，自有当用之日，理当静心等待。如果舍大道不走而走旁门，弃礼义不顾而行贿，我不得已，必将公布于朝廷，这将使我陷于薄德，你也永无录用之日，岂不两败俱伤？"

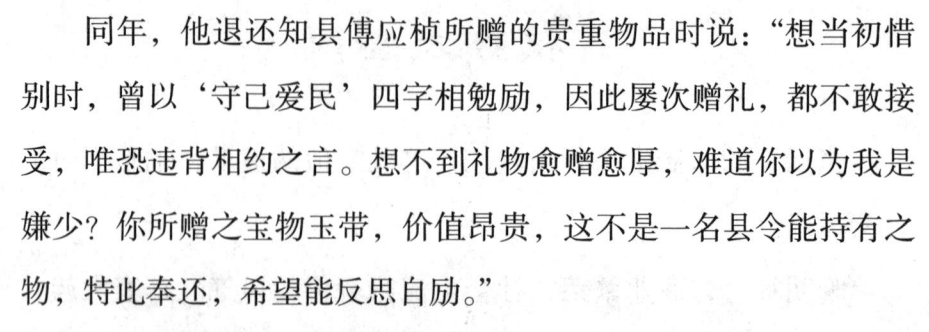

同年，他退还知县傅应桢所赠的贵重物品时说："想当初惜别时，曾以'守己爱民'四字相勉励，因此屡次赠礼，都不敢接受，唯恐违背相约之言。想不到礼物愈赠愈厚，难道你以为我是嫌少？你所赠之宝物玉带，价值昂贵，这不是一名县令能持有之物，特此奉还，希望能反思自励。"

万历六年（1578年）大理寺卿刘小鲁在湖北当阳县玉泉寺的风景区为张居正购买田宅，被拒绝。张居正在信中说：当阳厚意，愧不敢当。看到图纸，结构不小，所费不下千金，这哪是一县能办的事？必然动用公款，纷纷多事，徒增烦恼，何况近来严禁各地造书院、聚众吃公粮，若以身试法，又何以做人之表率，赶快停止，鄙人才得以心安。

张居正晚年，位高权重，事业鼎盛，难免喜欢别人吹捧谀扬。他在世时，家乡为他立的牌坊就有七八座之多。有人送他一副对联："上相太师，一德辅三朝，功光日月；状元榜眼，二难登两第，学冠天人。"对这样的颂扬，他欣然接受，高悬于大厅。

还有人用黄金制作了一副对联："日月并明，万国仰大明天子；丘山为岳，四方颂太岳相公。"张居正别号太岳，此联别具匠心，嵌入一个"岳"字，隐喻张居正是巍巍高山，受到四方颂扬，并与"万国仰大明"相提并论，这样露骨的阿谀奉承之词，他竟然高兴地接受。

张居正父亲去世，一位巡抚身穿孝服前往吊丧，一路上号哭不已："死了老太师，何不死了小子！"堂堂的国家命官，自甘孝子，涕泪纵横地要求代死，已属荒唐，更为荒诞不经的是，张居正母亲进京，地方官一路护送，诚惶诚恐，渡黄河时老太太看到河大水急，有些害怕。为使老人消除顾虑，地方官安慰说："过河尚未有期，临时再当通报。"利用这短暂的停留，调动大批舟船首尾相接，在河上连成一片，上面再填以泥土，两旁插上柳树，老太太的船行驶其中，如同进入小河浜，快到北京，老太太还以为未过黄河。这样兴师动众，不知要花费多少人力物力。

在张居正患病期间，为之斋醮，举国若狂，更是见所未见，请看当时人的记述："江陵病时两京大小九卿科道庶僚咸祈祷备至，举国若狂。"

上自六部卿、大臣、翰林、言路、部曹，下至官吏冗散，无不设醮词庙，为居正祈祷。有一名姓朱的御史，在赤日炎炎下，头顶香盒，一路奔波，他的部下怕他饿着，送上饭食，其中有些肉，他一见大惊，怒骂："你难道不知我为宰相斋醮，给我肉食，是何居心！"

看到这样的记载又岂能想到，张居正去世刚半年，倒张的活动就已迫不及待地展开，接踵而起的是连篇累牍的弹劾，张家满门查抄，长子自杀，次子充军，全家饿死十多人，威震一时的宰相竟落得这样悲惨的下场！

世人对张居正的态度何至于在一年之内发生天翻地覆的变化？

如此世态炎凉，是人情之所难免。对一个当权者来说，难道不能由此反思，掌权时人们的趋炎附势有多少可信度？也许在他日，那些趋炎附势之徒就会成为落井下石者。成也是权势，败也

是权势，权势太盛而不加节制，个人膨胀，悲剧终将到来。

树敌过多

张居正是一个叱咤风云的政治家。他魄力过人，也威严过人。他的儿子张敬修描述他"遇事有执持""湛静沉默，声色不露"。自从出任首辅后，张居正更是老成持重，对客人往往不交一言，为人矜持，沉默寡言，喜怒不形于色，但要发话，威势逼人。

张居正给小皇帝讲课，神宗把《论语》中的"色勃如也"，误读成"色背如也"，张居正一声"应当读勃！"使神宗顿然惊悚。他要一发话，能使"百僚皆惕息"，连大气也不敢出。主持内阁会议时，他气盖群臣；与客人交谈，不数语即行送客。对于同僚，他就是这样咄咄逼人，不屑一顾。

他凌厉的威力，是骄横、刚愎性格的反映。蒙汉和议成功，他恃功逞能，自命不凡，声称："我不烦一士，不役一兵，坐而得之，此天赞我也。""豪杰所见，自与凡人殊也。"他多次自比为辅佐商王的伊尹、神机妙算的诸葛亮，因此给同僚留下"骄抗，轻弃天下士"的印象。

万历六年，张居正离京回乡安葬亡父，一路上摆出一副摄政大臣的显赫排场。有尚宝寺少卿和锦衣卫指挥护送，戚继光还派来铳手与箭手保镖；他所乘坐的轿子是真定知府钱普特意赶制的，其规模之大，被人形容为"如同斋阁"。它的前半部是起居室，后半部是卧室，两旁有走廊，童子在左右侍候，挥扇焚香。如此豪华至极的庞然大物，要用三十二个人才能扛得动，比皇帝的出巡犹有过之而无不及。

清代学者林潞认为，这是他自恃才高而溢于言表，重蹈韩信的覆辙；谈迁说这是犯了"威权震主"的大忌，因此贻祸于身后。

张居正执政时，朝中反对派也很强大，不时攻击他。攻击得最为厉害的是"夺情"事件。万历五年，张居正的父亲张文明病逝，按照当时官僚的"丁忧"制度，必须辞官服孝二十七个月。张居正是一个"非常磊落奇伟之士"，不愿意拘泥于"匹夫之小节"，而使改革中断，便与冯保联手策划，要皇帝出面"夺情"——不让他回乡守制，而要他"在官守制"，依然执掌朝廷大权。

此举激起了声势汹涌的反对声浪，指责张居正违背传统的伦理纲常，不配继续身居高位。反对得最激烈的是翰林院编修吴中行、翰林院检讨赵用贤、刑部员外郎艾穆、刑部主事沈思孝。就在张居正处境十分尴尬之时，皇帝再三强调"夺情起复"是他的旨意，冯保又和张居正密切配合，让张居正代替皇帝起草圣旨，对吴、赵、艾、沈四人实施严厉的廷杖。由此招来更多的非议。

毫无疑问，张居正树敌过多，和他日后遭到报复不无关系。

第七章 大起大落

张居正的去世，使得明神宗的亲政提前到来，但是清除『威权震主』的张居正的影响，却并非易事。首先必须除掉冯保。冯保倚仗太后的宠信、张居正的联手，有恃无恐，对小皇帝钳制过甚，垮台是迟早的事。谁也没有想到事情来得那么快。仅仅过了六个月，明神宗在言官弹劾冯保十二大罪的奏疏上批示，说冯保『欺君蠹国』，本来应当处死，念他是先皇托付的顾命大臣，从宽发落，发配南京去赋闲养老。

这是一个信号，冯保可以攻倒，张居正有何不可！

夺情风波

张居正改革十年，成效得来并非易事，一事一议都历经艰难。这不仅是因为改革要触动豪强权贵的既得利益，遭到他们的强烈抵制，更重要的是封建社会发展到明朝后期，封建肌体已经衰老和僵化，革新的余地已经非常狭小。封建社会走向下坡路时，因循守旧，姑息偷安，容不下哪怕最微小的变动，稍许更新，也不愿意接纳。张居正作为当事者，更有深刻的感受。

改革要触犯豪强权贵的利益，冲击习以为常的陈规陋习，反对者不会就此罢休。万历五年（1577年）张居正父亲病逝，由此引发了冲突的高潮，导火线是张居正要不要回乡奔丧，这就是夺情与反夺情的斗争。

夺情是古代官员父母丧礼中尽孝的礼仪，在职官员凡遇父亲亡故，按惯例要辞官回乡守制三年，以尽人子哀痛之情。讲究孝治天下的王朝，官员们都遵守祖制守孝，为此丢了官职也在所不惜。但是遇有特殊情况，经皇帝指令，可以穿素服办公，不必解职回乡，或提前复职，这称为夺情。明朝在正统、弘治、正德年间三令五申不准夺情起复，但也有例外。宣德年间内阁大学士金幼孜、杨溥都因丧回乡守孝，又被召回视事；成化年间首辅李贤也曾夺情任职。所以这夺情既有前例可援，也为古礼所优容，并不是什么了不得的大事，可在万历五年（1577年）却掀起一场风暴。

这一年，改革从政治推向经济，新政方兴未艾，时当改革面临关键时刻，张居正若在此时离职奔丧，显然对改革不利。首先是未成年的皇帝就离不开张居正，张父一病故，神宗就亲自写信慰问，明确要求他"以朕为念"留职居丧。

与此同时，一批支持改革的官员，如户部侍郎李幼孜、御史曾士楚、吏科给事中陈云谟等倡议夺情。张居正也无意离职，夺情势在必行。

反对派却趁机而起，以恪守礼制大造舆论，对张居正施加压力。一边是改革大业，一边是传统孝道，张居正陷入两难的境地。

神宗极力挽留他，要他为社稷、为苍生，务要勉遵前旨，入阁办事。并对吕调阳和张四维说，即使再上百本奏疏也不同意张居正回乡守制，挽留的话已说到了极点。但此举仍然被反对派怀疑是张居正在幕后的主使，从神宗的态度和实际情况看，这是不实之词。

夺情已成定局，张居正居官守制的办法是，居丧期间，不领俸禄，在内阁办公，不随朝，不参加吉礼，在家穿丧服，外出穿青衣角带，黑布袍。"上不食公家之禄，下不通四方交遗，惟赤条条一身，光净净一心，以理国家之务，终顾命之托，而不敢有一毫自利之心。"虽说如此，神宗还是优抚有加，要光禄寺每日送酒饭，每月供米十石，香油二百斤，茶叶三十斤，仍然维持张居正体面的生活。

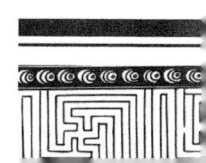

张居正夺情留任后，反对派群起而攻之，刑部员外郎艾穆、主事沈思孝声称离职守孝是"万世不易之制""纲常不顾，何社稷之能安？"翰林院检讨赵用贤指责张居正"背公议而徇私情，蔑至性而创异论"。编修吴中行斥责张居正是"忘亲贪位者"，刑部邹元标大骂"亲死而不奔"的是"禽兽"，甚至有人把这种谩骂抄成小字报贴在大街上进行煽动。

反对派搬出封建礼教，慷慨激昂，真实目的是要夺权。张居正感到很大压力，包括他的一些知交好友，次辅吕调阳、张四维，大理寺卿陆光祖、蓟镇总兵戚继光等也都纷纷劝告他如期服丧。反对派早在两年前就要轰走张居正未能得逞，此时正是天赐良机，哪能轻易放过。因此敌对的、友好的、抨击的、规劝的，都在维护伦理的名义下，掀起反夺情的风潮。

张居正是一个真正的强者，面临铺天盖地的种种指责和非难，他毫不气馁，抓住要害问题，一一予以对答。友人周友山说他恋权，他在《答宪长周友山》的回信中坦然地说："恋"之一字，纯臣所不辞。今世人臣，名位一极，便各自好自保，以固享用，至哉斯言！学者于此，能确然自信，服行勿失，便可为天地立心，生民立命，为万世开太平，非谫见謏闻所可窥也。

当有人以彗星掠过东南方这一星变，攻击他犯了天怒，他狡黠地说："天道玄远，灾祥之应，皆未可知。"趁机利用星变打击反对派，以进为攻。按明制京察是六年为期，因为星变，这就有了提前考察的借口，动用监察程序，不露声色地予以摧毁性的反击。在这次斗争中，他处变不惊的从容，敏锐而犀利的驳斥，快速而猛烈的反击，连连出手，使得反对派毫无还手之力。

斗争的结果是残酷的，带头上疏的艾穆、赵用贤、吴中行、沈思孝、邹元标等分别处以廷杖、削籍为民和充军。

反对派遭此严重打击，从此一蹶不振，再也无力公开反抗。

夺情风波平息后，反改革的斗争不再表现为正面的冲突，而是以隐蔽的形式，暗传各种流言蜚语，对张居正及其新政加以败坏和中伤。万历五年和八年，张居正的两个儿子蝉联状元和榜眼，有人诬说其中有弊，作诗讥讽说："状元榜眼俱姓张，未必文星照楚邦。"作弊是否属实，史无明证，但这样一些未经证实的流言，广为流传，多年不息。

张居正为了富国强兵，主张铁腕治国。他对朝中那些迂腐的官员，空谈儒家的王政，不切实际，非常鄙薄。张居正从来不讳言他推崇申、韩这些法家。

张居正执法严酷，令人胆战心惊。遇有抢劫，斗殴致死的，不论是灾民还是生员，立即正法。凡是案情隐匿不报的"虽循吏必黜。得盗即斩决，有司莫敢饰情。盗边海钱米盈数，例皆斩，然往往长系或瘐死。居正独亟斩之，而追捕其家属，盗贼为衰止"。遇有灾情，按惯例可以减刑的，张居正一律不予宽宥。他认为，"春生秋杀，天道之常""稂莠不除，反害嘉谷，凶恶不去，反害良民"。

正是有这过人的魄力和胆略，张居正处世断事具有莫大的威慑力。他限制内臣干预内阁事务，"中贵人无敢有一毫阻挠"，驾驭群臣能使"百僚皆惕息"。他的威严和权势，在万历初年无人

敢于抗拒，这才使中央政权内部没有出现像北宋司马光为首的反对改革的大官僚集团，不像王安石那样几起几落，新政很少引起正面冲突，比较顺利地从政治推向经济，十年功效非比寻常。可以这样说，万历新政的成功，主要是因为张居正在主观上具有把改革引向胜利的信心与能力，16世纪后期的社会环境给他提供了充分展示的舞台，使他主导了明王朝败落时期重又短暂复苏的新局面。

然而，改革也使他积怨甚多，对于自己的结局他也有预感。但他说，"苟利国家，何发肤之足惜"。意思是，只要对国家有利，他不在乎自己的个人荣辱和安危。

用人失误

张居正在改革中之所以能所向披靡，雷厉风行，关键是他周围有一批得心应手的人才，组成学有所长，职有专攻的班底。在他主持的内阁和六部中，吏部尚书梁梦龙、礼部尚书徐学谟、户部尚书张学颜、工部尚书潘季驯、蓟镇总兵戚继光、宁远伯李成梁，总督蓟辽军务的谭纶、王崇古以及两广总督殷正茂等，都为富国强兵立下汗马功劳。他对所用之人深知所长，调兵遣将，用得其所。

他知人善任，品点人才，举重若轻，所举之人无不乐意为他尽心效力，这就是他个人魅力的所在。

但是，张居正的最大失误，就是没有物色一个能继续坚持改革的接班人。更让他万万没有想到的是，正当五十八岁精力犹旺之时，一场宿疾痔疮的复发，使他三个月即告病危。弥留之际，他仓促接受司礼太监冯保的建议，保举原礼部尚书潘晟入阁。潘晟不仅才识平庸，胆小怕事，而且他做过冯保的老师，同太监有私交，这是最易授人口实的把柄。

潘晟从原籍浙江北上赴任的途中，弹劾的奏疏就接二连三地送到朝廷，迫使潘晟不得不中途递上辞呈作罢。在这当口，张居正身亡未几，余威尚存，反对派还不敢乘隙而入，张居正一手提拔、重用的张四维继任首辅。

张四维出身晋商世家，倜傥有才，按理说应该是张居正瞩目的接班人，可恰恰是他断送了新政。张四维之后的申时行，也是受张居正赏识的副手，他一上台就废除考成法，使新政荡然无存。改革没有毁于反对派，却毁在他的接班人手中，这对知人善任的张居正来说，岂不是莫大的讽刺！一个面对千军万马能够应付裕如的宰辅，为什么就不能识破身边的投机家，以致祸发萧墙？

其实，张四维在与张居正共事时就已有不端的表现。他早年投靠高拱，"拱益才四维，四维亦干进不已，朝士颇有疾之者"。他的趋炎附势引起同仁的不满。到张居正主政时，他更是极尽逢迎拍马之能事，"岁时馈问居正不绝"，又同李太后的父亲武清伯李伟拉上同乡，结交豪门。他是个地道的两面派。对此张居正也不是毫无所知，但张居正没有及时清除这一隐患。

张居正一死，张四维谋得首辅宝座后，大权在握立即倒向保

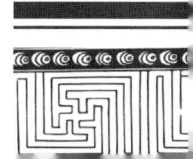

守派，因为反对改革而被罢官的吴中行、赵用贤、艾穆、沈思孝、邹元标、余懋学、傅应桢、王用汲等人一概官复原职，张四维还把他们网罗成他的同党。首先发难弹劾张居正、要求废除乘驿之禁的御史李植就是张四维的门生，废除乘驿之禁也是出于他的授意。紧接着张四维又上书神宗请求"荡涤烦苛"。

新政行将废止，引起改革派的恐慌，于是居正一党大惧，王篆、曾省吾等人，拥戴大学士申时行，试图驱逐张四维。申时行也是内阁重臣，能写一手好文章，为张居正赏识，但他是个貌似宽厚、实则利欲熏心的伪君子。张四维回乡奔丧，申时行接任首辅后，"欲收人心，罢居正时所行考成法；一切为简易，亦数有献纳"。于是"上下恬熙，法纪渐不振"。连例行十多年的朝讲也被免除，一切"务反居正所为"。万历十二年（1584年）所颁诏旨，宣布张居正"诬蔑亲藩""专权乱政""谋国不忠"等几大罪状，就是出自申时行的手笔，在他主持内阁期间新政废除殆尽。

张居正如此雄才大略的人，不可能看不清张四维、申时行的缺点。但由于他威权独揽，专横跋扈，偏听偏信，而不能客观地考察人选。这是由他刚愎自用的性格所致，更为深层的原因是他在思想领域实行专制独裁的必然结果。

在封建社会，缺乏民主机制，一切专制者都奉行顺我者昌，逆我者亡的原则，张居正也不例外。思想的专制必然导致下属的唯唯诺诺，而他也欣赏俯首听命的官员，厌烦耿直之士。张居正未当政前，曾鼎力支持海瑞在江南打击豪强，推行一条鞭法，在信件往来中对海瑞一再表示钦慕，可他主政后，却把海瑞闲置一边，史书说："居正惮瑞峭直，中外交荐，卒不召。"万历六年（1578年），张居正回乡葬父，巡按御史赵应元没来为他送行，不久竟被除名。人的权势一大，就昏了头，稍有悖逆都不能容。

张居正确实知人善任，但从他所用的梁梦龙、徐学谟、张学颜、潘季驯、戚继光、李成梁、谭纶、王崇古等人看来，都是分领吏部、礼部、户部、工部和兵部的技术人才，是专家而不是政治家。在他身边的次辅张四维、申时行，这是居于六部之上的内阁重臣，是主导政务的政治家，也是能不能继续坚持新政的关键人物，对这些要害人物，张居正一个也没有看准，这不是失之偶然，而是他奉行思想专制导致的必然结果。

门生发难

张居正自任内阁首辅后，一心为国家社稷着想，尽心尽力地辅佐教导幼主明神宗万历皇帝，力劝他亲贤臣，远小人，慎起居，戒游佚。又劝他罢节浮贵，量入为出，裁汰冗员，严核财赋。他积极进行改革，殚精毕智，且舍生取义，不为毁誉所左右；兴利除弊，严肃法纪，敢当重任。由于他的勤勉努力，使万历以来，主圣时清，吏治廉勤。纪纲振肃，风俗淳朴，烟火万里，露积相望，漠北骄虏，俯首称臣。

然而，也正因为如此，他难免得罪了不少人。他们对张居正的改革触及了自己的利益十分仇视，千方百计要与之作对。也有

的人与张居正政见不和，甚至嫉妒其才能和权力。他们认为张居正以宰相自居，挟天子以令天下，事无巨细，均须听命于他，也太专权霸道了。种种不满和矛盾不断地困扰着张居正，给他的改革带来了一定的阻力。

万历初年，礼部尚书陆树声就因看不惯张居正的一系列做法而辞职。

陆树声在朝中算是个清流首领，向来恃才傲物，天生一副侠肠，把功名看得很淡。张居正对他很尊重，曾以后进之礼前往参谒。可他却不冷不热，弄得张居正好不尴尬。他对张居正的所作所为颇有些看不惯，不免时时耿耿于怀。他指责张居正不行王道，只顾富国强兵。在他看来，当首辅的应行大政，倡兵道，举孝贤，清世风，而张居正一会儿节省钱粮，一会儿派员巡边，一会儿要裁夺冗员，全是些鸡毛蒜皮的事儿。他对张居正的考成尤为不满。有一次，一名给事中提醒他说，有几件事他还未办，督他抓紧，不然将据考成法如实报呈阁部。他听后不觉恼羞成怒，大发了一顿脾气，竟拂袖而去，一连几天也不进礼部办事了。

戚继光与李成梁两军大败董狐狸，取得辽东大捷后，举国欢庆，唯张居正心绪不佳。想辽东御敌，本是他一手筹划，周密布置，又赖边关诸将同心协力，终将犯寇一鼓而歼，他为什么会不高兴呢？

原来，问题出在报捷流程上。

按照惯例，此次辽东大捷，应由辽东巡抚张学颜向朝廷奏报，不想半路杀出个程咬金，巡按御史刘台来了个捷足先登，把捷报抢先送入京师。从程序上说，这似乎只是个手续上的错误。然而，张居正看得很清楚，这实际上是一种越权行径！巡按不得过问地方军事，这在本朝正统年间就曾明文规定。再说，辽东御敌，刘台既未参与军务又未指挥实战，何由你来报捷？巡按既可报捷，那么，负实际责任的巡抚岂不就可卸责？此行径，在制度上必又引起新问题。

张居正在阁中向吕调阳和张四维说了自己的想法，他二人也觉得颇有道理，从综核名实的立场看来，不能就此放过。经过研究，张居正决定对刘台的处置可先礼后兵，先请旨动问，薄示警戒，看其态度再作他论。同时可上疏奏请降诏，重申巡按之职只能是振举纲维，察举奸弊，摘发幽微，绳纠贪残。而巡抚则要措处钱粮，调停赋役，整饬武备，抚安军民，两者不得混杂。

辽东巡按御史刘台自发出捷报后，就天天在盼着朝中降旨封赏。谁知，他盼来的圣旨不仅没有加官晋爵的份儿，反而对他严加劾问。把个刘台气得七窍生烟，一腔邪火统统化作对张居正的切齿仇恨。他茶饭不思，冥思苦想，精心写就一份奏疏，欲报此申饬之仇，一泄私恨。所以那奏疏开门见山，毫不掩饰："臣闻进言者皆望陛下以舜、尧，而不闻责辅臣以皋、夔。何者？陛下有纳谏之明，而辅臣无容言之量也。高皇帝鉴前代之失，不设丞相，治归部、院。文皇帝始置内阁，参预机务。其时官阶未峻，无专肆之萌。二百年来，即有擅作威福者，尚惴惴然避宰相之名而不敢居。乃大学士张居正，俨然以相自处，自高拱被逐，擅威福者三四年矣……"

张居正自入阁以来，还从未遇到过这样居心险恶的弹劾之章，直气得头皮发麻，四肢发抖，那怒火烈焰腾腾地在胸中燃烧起来。此时，他真如万箭穿心，悲愤交加。他想起本朝开国二百余年，还从来没有门生弹劾座主的事，偏偏自己在隆庆五年采取的进士刘台，竟会如此无情，这刺激的确太大了。几年来，当国的艰难，辅导幼皇的辛苦，刘台不一定清楚，可他既然疏请皇上抑损相权，自己今后如何办事？刘台呀刘台，你违制妄奏，法应降谪，可我请旨戒饬，并没动你一根毫毛，想不到你气度如此狭小，一言不合，便反目为仇……

张居正一气之下上书自请解职。小皇上得知后立刻召见张居正，细声劝解张居正："不想有些畜物，狂发悖言，动摇社稷，令先生受惊了！"

就这一句话，张居正听后亲切万分，心中涌起阵阵暖流，那眼泪竟簌簌地掉了下来，万历见状，心甚不安，走下御座，亲手扶张居正站起来，说道："先生请起，朕当逮问刘台，以免他人效尤！朕不可一日无先生，就请先生照常入阁视事吧！"

张居正只好收回辞呈，继续回阁，重理国事，而刘台则被削职为民，从此离开了官场。

刘台事件尽管平息了，但在张居正的心灵上，却从此蒙上了一层难以擦掉的阴影。

谁知不久之后，因为父亲的去世，又引起了一场门生发难的风波。

按旧例，父母去世后要在家守孝三年。可是关于张居正的守孝问题，皇上和朝中大臣却意见不一。万历帝降旨："朕元辅受皇考付托，辅朕冲幼，安定社稷，朕深切依赖，岂可一日离朕？"皇上命令张居正不必回家乡守制。

正在张居正犹豫不决的时候，以吏部尚书张瀚为首的一批张居正的门生又对他刀剑相逼，逼他离阁回乡。

翰林院编修吴中行乃隆庆五年进士。那年，正是张居正主考，依例而言，张居正便是他的"座师"。这种"师谊""门谊"，向来很为科甲出身的人所重视，可吴中行这人天生傲骨，又正是年少气盛。他趁张居正丧父之机，想轰轰烈烈地闹腾一番，给青史留下个不徇私情的光辉形象。他指责张居正平日里满嘴圣贤义理，却连父丧都不去守，圣贤之训何在？并说张居正哪里是为了国事，无非簸弄名辞，怙权贪位而已。他并写了份谏疏递了上去。

时隔一天，张居正的又一门生，翰林院检讨赵用贤又上疏，诬称张居正不奔丧是不明法纪，背徇私情……

紧跟着，刑部员外郎艾穆、主事沈思孝又联名上疏，指责张居正不修匹夫常节，不作纲常之表率，愧对天下后世……

天哪，怎么又是自己的门生？他想起当年大奸相严嵩满朝结怨，人人痛恨，却还没有一个他的门生或同乡去攻击他。如今，他竟连严嵩都不如了吗？

张居正此时已激愤到了极点，他几步冲到桌边，提起了毛笔。他浑身上下热血奔涌，什么圣贤之训，什么人伦道德，统统见鬼去吧！我张居正为国、为民，胸怀坦荡，忠孝就是不能两全！非顾及那些虚名清议做什么？

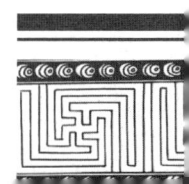

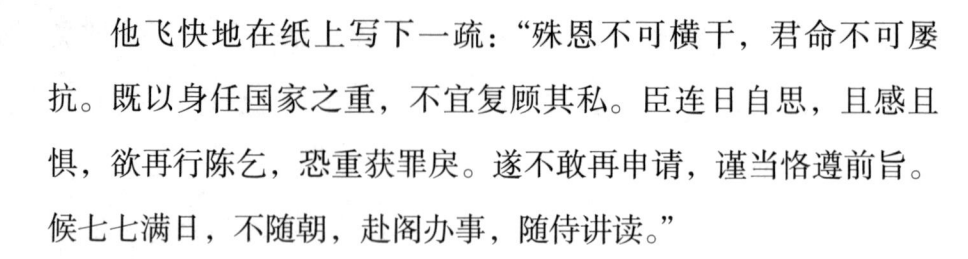

他飞快地在纸上写下一疏："殊恩不可横干,君命不可屡抗。既以身任国家之重,不宜复顾其私。臣连日自思,且感且惧,欲再行陈乞,恐重获罪戾。遂不敢再申请,谨当恪遵前旨。候七七满日,不随朝,赴阁办事,随侍讲读。"

死后受屈

经受了几次门生发难的沉重打击和为父奔丧的长途跋涉,张居正忽然身患重病,卧床不起,经过多方医治不见好转。

张居正自知行将不起,遂连上两疏,恳求万历准允致仕归去,以求生还江陵故土,万历始终不准。

这天,万历帝亲自派遣的一大群太监,文渊阁中的大学士张四维、申时行以及在京的各部尚书们密密匝匝地聚集在张居正病榻前。

张四维探身床前,向奄奄一息的张居正轻轻地说:"首辅,朝中同僚都来看你了,你可有话要说?"

张居正微微睁开眼,无神的眼睛缓缓扫过众人,又无力地闭上。嘴唇嗫嚅着,断断续续吐出几个字:"有劳……诸位了……"

他嘴唇嗫嚅着,声音却微弱得听不清了。守候在床头的家人将耳朵贴近,仔细一听,方缓缓告知张四维道:"家主是问清田丈亩之事进展如何?"

张四维不禁微微一愣,不料首辅病成这样,却仍念念不忘国事,一时竟不知如何回答。户部尚书张学颜趋步到床前,对着张居正一字一顿地说着："便告首辅：清丈基本完成，全国田亩总数为七百〇一万三千九百余顷，比弘治十五年以来增加了三百多万亩，可见这次清丈异常成功。"

"好……好。"张居正枯黄的面颊掠过一层喜色。

张居正艰难地喘了几口气，眼睛陡然睁大，现出一种异样的光。他手指万历身边的长随太监奋力说道："贱体积……劳致病，已成朽木，然……犬马依恋之心，无时无刻不在……皇上左右……"他眼睛里溢出一滴晶莹的泪珠。此时，他仿佛用尽了全部精力，头猛地一沉，手臂像断了线的风筝无力地垂了下来。

此时是万历十年（1582年）六月二十日。张居正终于遗下他呕心沥血建树的改革业绩以及年近八旬的老母、三十余年的伴侣、六个儿子、六个孙子，静静地离开了人间，终年五十八岁。

张居正病重期间，明神宗万历皇帝曾十分伤心，送给他许多珍贵药品和补品，并对他说："先生功大，朕无可为酬，只是看顾先生的子孙便了。"这样，张居正在九泉之下也用不着为自己的子孙担心了。张居正病逝后，神宗下诏罢朝数日，并赠他为上柱国，赐谥文忠，据谥法解，"文"是曾任翰林者常有的谥法，"忠"是特赐，"危身奉上曰忠"。显然在赐谥时，神宗对于张居正功勋业绩的估价是相当高的。

然而，张居正尸骨未寒，时局却急骤逆转。没过几个月，明神宗就变了脸，加上那些在改革中被张居正得罪的人加油添醋地告状，张居正立刻遭到自上而下的批判。

张居正过去的改革之所以能顺利进行，在很大程度上取决于

第七章 大起大落

神宗与他保持了一致的态度。这种局面由两种因素决定，一是自嘉靖以来与日俱增的政治危机的猛烈袭击下，统治阶级再也不能按照原来的样子继续统治下去了，所以反对改革的势力未能占据上风；二是由于神宗即位后，年仅十岁，他对身兼严师和首辅的张居正又敬又畏，处处听从其指点，因此对进行的改革并无疑议。在这种形势下，张居正代表的是地主阶级的整体利益，行使的是至高无上的皇帝的权力，所以才使改革取得了迅速成功。

后来，情况却发生了很大变化，一方面改革已见成效，危机已经缓解，官僚和贵族们在贪婪的本性驱使下，强烈要求冲破改革时期所受的节制，并进而废弃改革；另一方面，神宗皇帝随着年龄的增长，对于"威柄震主"的张居正日益不满起来，嫌张居正把自己管得太严，使自己不能自由地行使权力。张居正活着的时候，他不敢怎么样，现在张居正死了，他就谁也不怕了。

但是清除"威权震主"的张居正的影响，却并非易事。首先必须除掉冯保。冯保倚仗太后的宠信、张居正的联手，有恃无恐，对小皇帝钳制过甚，垮台是迟早的事。谁也没有想到事情来得那么快。仅仅过了六个月，明神宗在言官弹劾冯保十二大罪的奏疏上批示，说冯保"欺君蠹国"，本来应当处死，念他是先皇托付的顾命大臣，从宽发落，发配南京去赋闲养老。

这是一个信号，冯保可以攻倒，张居正有何不可！于是一场反冯运动同时也拉开了弹劾张居正的序幕。

正如曾被张居正逐出朝门的原兵部侍郎汪道昆所总结的："张公之祸是在所难免的。这个中缘由，乃因为张公欲有所作为，必揽大权在手。而这大权非是别人，乃当今天子之权！张公当权便是天子的失位，效忠国家意味着蔑视皇上！功高震主，权重遭忌，此即张公无法逃脱的必由之路。"

明神宗态度的变化，在反对改革的官僚和贵族中引起强烈反响。那些受过张居正批评的人，趁机告状，原来巴结张居正的人也都反过来说他的坏话了。明神宗听了朝中这些人的话，下令把被张居正改革过的旧东西都恢复起来。张居正创行的考成法被取消，官员不得任意使用驿站的驿递新规被废止，张居正重用的官员被罢黜，好多被裁处的官员，一个个又官复原职，重新被起用。

万历十一年（1583年）三月，明神宗诏夺张居正上柱国封号和文忠赐谥，并撤销其儿子张简修锦衣卫指挥的职务。不仅如此，当有人告发张居正专权，要谋反，他家里一定藏着许多财宝时，神宗皇帝也不仔细打听，就马上下令："张居正简直是作恶多端，快给我抄了他的家！"

万历十一年五月，张宅被抄。所有的金银财宝都被搜了出来。十余口人被活活饿死，长子敬修自杀，三子懋修投井未死，保存了一条性命。但神宗听了还不满意，干脆又下令说："张居正生前专权乱政，干了许多坏事，本当把他的尸首从棺材里拉出来斩首，念他在朝廷办事多年，就免了。不过，对他的亲属不能轻饶，都给我充军去！"在刑部尚书潘季驯的乞求下，神宗才勉强答应留空宅一所，田地十顷，以赡养张居正的八旬老母。

明神宗曾对张居正说过，要照顾好他的子孙，可是在张居正死后不久，其家里人便死的死，判刑的判刑。一个为国家的富强

237

建立了功绩的人，反倒成了罪人！这个结局是张居正生前万万没有料到的。就连张居正生前所重用之人，如张学颜、方逢时、梁梦龙等辈，也均遭遣还籍。

张居正的改革是顺应历史潮流的。他所建树的业绩并没有因为改革的废止全部付诸东流。例如，封贡通市，改善蒙汉关系，并没有因为张居正改革的废止而消失。恰恰相反，在张居正死后，蒙汉两族的友好往来依然存在，并不断向前发展。清代魏源在追述蒙汉关系的改善时说："高拱、张居正、王崇古，张弛驾驭，因势推移，不独明塞息五十年之烽燧，且为本朝开二百年之太平。"又如，改革赋役制度，推行"一条鞭法"，在张居正死后，仍一直向前发展。这种情况表明，明神宗虽然可以凭借至高无上的皇权废止张居正改革，查抄张居正的家产，但却改变不了"天下不得不条鞭之势"的历史潮流。

历史是无情的。张居正死后，他的改革被废止了，明神宗如小鸟出笼，无拘无束，他嗜酒、贪色、恋财，满足私欲，大肆发作。他横征暴敛，挥金如土。朝廷上下荒淫腐败，糜烂不堪，各种社会矛盾急剧发展起来，一发而不可收。再也无人能力挽狂澜了。

万历二十四年（1596年）神宗派出宦官到各城镇监矿征税，踢开地方政府，另行组织中使衙门，一座中使衙门往往有上千人为其服务，这些人如狼似虎，把本该收归户部的税金纳入皇帝的私囊。这些税使自恃有皇帝的特谕，公然宣称奉有密旨，监察官员不得纠劾，走到哪里就在哪里纠集地痞流氓，践踏官府，凌逼大臣，横征暴敛。那些忠于职守的地方官、奉公守法的士大夫自然就成为他们横行不法的障碍，因此受到空前的迫害。神宗不理朝政，对朝臣的奏疏不理不问，却对宦官的密报言听计从，凡是被这些宦官告密的地方官，朝上夕下，立遭重处，因此受到迫害的大小官员不计其数，这飞来的横祸使得满朝文武大臣惊恐不安。

从中央到地方的官僚机构，本是封建王朝法定的统治系统，也是皇帝赖以稳定统治的主要支柱。官员是朝廷的命官，依据国法执行管理社会的职能，他们的职权要受到朝廷的保护，这是统治者长远利益的体现，任何君主不管怎样为所欲为，在客观上都不能不受到此种利益的限制。神宗给自己的家奴以这样大的权势，这就使16世纪末的中国出现了这样一种怪现象：居于统治社会最顶端的至高权威，同流氓地痞这社会最下层的恶势力直接挂钩。上下两股恶势力的纠合与作用，更加激发他们谋求暴利的贪欲，像破笼而出的野兽，吞噬所能掠夺的一切财物。

张居正死后的第十四年，神宗就以疯狂的掠夺破坏了国家机器的正常运转，这给王朝带来了一场空前的灾难。官僚体制被破坏，国家库藏被耗尽，平民百姓被摧残，终于激发城市民变，此起彼伏多达四十多次，东到苏杭，西至西安，南至云南，北到辽东，怒火烧遍全国。最大的一次民变，是由云南指挥贺世勋领导的，结果是杀掉了宦官杨荣及其党羽两百多人；武昌民变时，封锁进京道路两个月，弄得神宗惊魂不定，几天吃不下饭；临清民变时，居民上万人走向街头示威游行。政治、经济、社会的危机，使得统治者犹如陷身火山，惶惶不安。反对矿监税使的奏疏

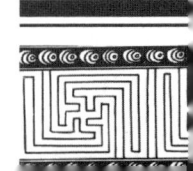

纷纷呈送，有的痛切地指出，这是"割肉充饥"，有的声泪俱下地诉说："一旦土崩势成，家为仇，人为敌，众心齐倡，而海内以大溃。"有的甚至痛骂神宗酒色财气四毒俱全。由此可见，不是没有不怕死的官员冒死犯谏，也不是没有能人想改变局面，但是任你哀哀苦求，慷慨陈词，甚至破口大骂，神宗对这一切都无动于衷。这种无限扩张的贪欲和不受限制的权力，本是皇权至上的产物，作为附着皇权的臣子怎能奈何？又从哪里再拥戴一个磊落奇伟之士，大破常格，扫除廓清天下之患？无情的现实是，世上再也没有了张居正，对张居正的怀念就是在无可奈何情况下的一种呼唤。

面对日益衰败的朝廷和处于水深火热之中的人民，许多有识之士又想起了张居正及他的改革业绩。明熹宗天启二年（1622年），熹宗帝下诏为张居正平反昭雪。崇祯三年（1630年）礼部侍郎罗喻义又挺身而出为张居正讼冤。直到崇祯十三年（1640年），崇祯皇帝终于下诏恢复张居正长子张敬修官职，并授予张敬修的孙子同敞中书舍人。

尽管此后由于政治腐败，明王朝开始走上灭亡的道路，致使张居正的改革设想没能继续坚持下去。但是从天启、崇祯皇帝对张居正及其改革的肯定，可以说明张居正忠心耿耿辅佐小皇帝，为革除积弊，创建新政，呕心沥血，鞠躬尽瘁，他的功绩是不可磨灭的。"恩怨尽时方论定，封疆危日见才雄"，后人在江陵张居正故宅题诗抒怀，堪称对张居正身后功过是非的真实写照。张居正不愧是明代最杰出的政治家、改革家。

附录

张居正年谱

◎ **嘉靖四年（1525年）1岁**
　　张居正出生。

◎ **嘉靖七年（1528年）4岁**
　　戚继光出生。

◎ **嘉靖十五年（1536年）12岁**
　　张居正考上秀才。

◎ **嘉靖十六年（1537年）13岁**
　　朱载垕出生（隆庆皇帝）。

◎ **嘉靖十九年（1540年）16岁**
　　张居正考上举人；其祖父张镇死于辽王府。

◎ **嘉靖二十年（1541年）17岁**
　　高拱进士，王崇古进士。

◎ **嘉靖二十六年（1547年）23岁**

张居正进士，入翰林院为庶吉士；李春芳、杨继盛等进士。

◎ **嘉靖二十七年（1548年）24岁**

严嵩诡计杀夏言，自任首辅。

◎ **嘉靖二十八年（1549年）25岁**

张居正为翰林院编修，写《论时政疏》；嘉靖之庄敬太子死。

◎ **嘉靖二十九年（1550年）26岁**

俺答入侵，大掠北京近郊，徐阶挺身退敌；张居正与严嵩决裂。

◎ **嘉靖三十年（1551年）27岁**

徐阶计杀仇鸾。

◎ **嘉靖三十二年（1553年）29岁**

杨继盛死劾严嵩；张居正为会试同考官。

◎ **嘉靖三十三年（1554年）30岁**

张居正病假回乡。

◎ **嘉靖三十六年（1557年）33岁**

张居正回京。

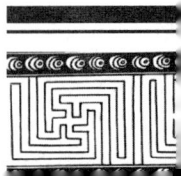

◎ 嘉靖三十七年（1558年）34岁

徐阶使吴时来、张和董传策同日弹劾严嵩。

◎ 嘉靖三十八年（1559年）35岁

张居正升右春坊右中允，管国子监司业事。

◎ 嘉靖四十年（1561年）37岁

西苑大火，徐阶对严嵩取得优势；景王归国，裕王朱载垕确立地位。

◎ 嘉靖四十一年（1562年）38岁

邹应龙弹劾严嵩，严嵩致仕；徐阶为首辅。

◎ 嘉靖四十二年（1563年）39岁

徐阶荐张居正为《承天大志》副总裁；裕王朱载垕之子朱翊钧出生（即万历皇帝）。

◎ 嘉靖四十三年（1564年）40岁

张居正进官右春坊右谕德，为裕王邸日讲官；严世蕃下狱。

◎ 嘉靖四十四年（1565年）41岁

徐阶用计杀严世蕃；袁炜离职；李春芳入阁。

◎ **嘉靖四十五年（1566年）42岁**

张居正进翰林院侍读学士，掌翰林院事；高拱入阁，郭朴入阁；海瑞上书骂嘉靖；明世宗嘉靖皇帝朱厚熜死；裕王朱载垕继位，即明穆宗隆庆皇帝；徐阶与张居正拟定遗诏。

◎ **隆庆元年（1567年）43岁**

张居正正月进礼部右侍郎兼翰林院学士，二月晋吏部左侍郎兼东阁大学士，入内阁；四月晋礼部尚书兼武英殿大学士；陈以勤入阁；杨博、高拱、徐阶、郭朴卷入第一次阁潮；五月高拱去职，九月郭朴去职；谭纶为兵部左侍郎兼右佥都御史，总督蓟辽保定军事；戚继光为神机营副将。

◎ **隆庆二年（1568年）44岁**

正月张居正加少保兼太子太保，七月徐阶致仕，八月张居正上陈六事疏；戚继光为总理蓟州、昌平、保定练兵，十二月废辽王朱宪㸅。

◎ **隆庆三年（1569年）45岁**

赵贞吉入阁，高拱入内阁，兼掌吏部事，海瑞为应天巡抚。

◎ **隆庆四年（1570年）46岁**

陈以勤致仕；高拱借海瑞打击徐阶，赵贞吉与高拱斗失败，致仕；殷士儋入阁；王崇古任宣大总督，方逢时任大同巡抚；俺答之孙巴汉纳吉为三娘子投降明朝，张居正与

高拱携手，借此事笼络俺答，擒杀汉奸赵全。

◎ **隆庆五年（1571年）47岁**

张居正为会试主考，吕调阳为副；高拱与张居正、王崇古等议定俺答封贡开市事，俺答为顺义王；李春芳致仕，高拱为首辅，张居正为次辅；殷士儋与高拱争，致仕。

◎ **隆庆六年（1572年）48岁**

四月高仪入阁；五月隆庆皇帝明穆宗朱载垕病故；六月朱翊钧继位，即明神宗万历皇帝；冯保、张居正逐走高拱，张居正为首辅；高仪病故；吕调阳入阁；穆宗皇后陈氏尊称仁圣皇太后，皇贵妃李氏尊称慈圣皇太后；张居正进《历代帝鉴图说》；派大臣巡边。

◎ **万历元年（1573年）49岁**

王大臣事件，高拱险被株连；张居正上疏请随时考成；宣布追加历年欠赋。

◎ **万历二年（1574年）50岁**

张居正请用久任之法，进职官书屏；令吏部慎选提学官，无效。

◎ **万历三年（1575年）51岁**

张居正上《请饬学政疏》整顿学校；裁减南京官员；张四

维入阁；开始整顿驿递；黄河决口，用河道总督傅希挚"重开浉河"之策，失败；改用南京工部尚书刘应节，右侍郎徐拭"开胶莱河"之策，次年亦失败；张居正门生傅应祯因上疏攻击张居正策略，并比张居正为王安石而下狱流放；李成梁辽东大捷，张居正门生巡按御史刘台越级上报遭到申斥。

◎ 万历四年（1576年）52岁

刘台上疏弹劾张居正；漕运总督吴桂芳疏浚黄河入海口；张居正加左柱国；开始推行"一条鞭"法，从湖广开始。

◎ 万历五年（1577年）53岁

兵部尚书谭纶死，王崇古接任；张居正之子张嗣修中榜眼；万历皇帝订婚王氏；张居正父张文明死，张居正请丁忧，万历皇帝令夺情，引发朝廷争斗。张居正门生吴中行、赵用贤等上疏指责，遭杖责免职；命吴桂芳兼理河运、漕运；计划田亩清丈。

◎ 万历六年（1578年）54岁

吴桂芳死，以潘季驯兼管河槽；开始清丈田亩；万历皇帝大婚，张居正为纳吉副使；辽东总兵李成梁劈山大捷；马自强、申时行入阁；辽东陶成喾杀降邀功，诡称"长定堡大捷"；张居正归江陵，葬父，见高拱；次辅吕调阳辞职；马自强病故；高拱死，张居正为请赐葬；藏僧锁南坚错致书张居正；李成梁东昌堡大捷。

◎ **万历七年（1579年）55岁**

　　毁天下书院；李成梁封侯爵；潘季驯完成河工。

◎ **万历八年（1580年）56岁**

　　张居正请求归政，被李太后驳回；张居正子张懋修中状元，张敬修中进士；潘季驯升工部尚书兼副都御史；万历皇帝发生"醉酒割发"事件。

◎ **万历九年（1581年）57岁**

　　田亩清丈工作基本结束；张居正在全国范围推行"一条鞭法"，裁汰冗官160余人；张居正病倒，晋太傅。

◎ **万历十年（1582年）58岁**

　　俺答死，黄台吉继位，娶三娘子；张居正病重，晋太师，旋故，谥文忠；万历皇帝掌权，发配冯保。

◎ **万历十一年（1583年）**

　　万历皇帝诏夺张居正上柱国、太师，再诏夺文忠公谥；徐阶死。

◎ **万历十二年（1584年）**

　　万历皇帝抄张居正家，张居正长子张敬修自杀。